Arbeitspapiere
Rechtsinformatik Heft 13

Werner Fix

# Die Analyse von Kosten und Nutzen bei Automationsvorhaben in der öffentlichen Verwaltung

J. Schweitzer Verlag · Berlin

# Arbeitspapiere Rechtsinformatik

Herausgeber: Professor Dr. jur. Dr. rer. nat. Herbert Fiedler, Universität Bonn/Gesellschaft für Mathematik und Datenverarbeitung, Birlinghoven.

Heft 1

**Automatische Datenverarbeitung (ADV) – Kybernetik in Rechtswissenschaft und Praxis**

Eine Einführung von Dr. Hans Joachim Kerkau, Kiel. 1970.

Heft 2

**Computer als juristischer Gesprächspartner**

Ein Arbeitspapier zu programmierten dialogischen Denkhilfen für die Jurisprudenz. Erarbeitet von Walter Popp und Bernhard Schlink. Hanswalter Schramm und Dieter Suhr, Klaus Hopt, Jan Th. M. Palstra. Herausgegeben von Dieter Suhr, Berlin. 1970.

Heft 3

**Full Text Case Law Retrieval: The Responsa Project**

By Y. Choueka, Department of Mathematics, Bar – Ilan University; M. Cohen, The Inter-Kibbutz Computer Center, Tel Aviv; J. Dueck, Institute of Research in Jewish Law, The Hebrew University of Jerusalem; A. S. Fraenkel, Department of Applied Mathematics, The Weizmann Institute of Science, and Department of Mathematics, Bar – Ilan University; M. Slae, Department of Applied Mathematics, The Weizmann Institute of Science, and Computer Center, Bar – Ilan University, 1972.

Heft 4

**Begriffsnetze – Invarianten – Routinen der Kritik**

Vorstudien in Denkhilfesystemen, Invariantenerkennung und programmiertem Unterricht in Kritik. Herausgegeben von Dieter Suhr, Berlin. 1971.

Heft 5

**Rahmen-Soll-Konzept Grundstücksdatenbank**

Herausgegeben von Paul Norbert Rattel, Ministerialrat im Bayerischen Staatsministerium der Justiz, München, Franz Göttlinger, Regierungsamtmann beim Landesamt für Datenverarbeitung, München, Helmut Kobes, Justizoberinspektor beim Landesamt für Datenverarbeitung, München, Friedrich Miller, Justizoberinspektor beim Landesamt für Datenverarbeitung, München. 1971.

Heft 6

**Grundkonzeption für die Errichtung einer sozialrechtlichen Datenbank beim Bundessozialgericht**

erarbeitet von einer Projektgruppe des Bundessozialgerichts, Kassel: Kurt Brackmann, Vizepräsident; Dr. Hermann Heußner, Bundesrichter; Günther Schroeder-Printzen, Bundesrichter; Rolf Richter, Oberamtsrat; Wolfgang Geinitz, Regierungsamtmann; Dieter Hebebrand, Regierungsoberinspektor. 1972.

Heft 7

**Automatisierte Normanalyse und Normanwendung**

Eine Untersuchung von Dr. Leo Reisinger, Wien. 1972.

Heft 8

**Systemanalyse als Hilfsmittel für den Entwurf von Informationssystemen**

Vorträge von Albrecht Berger, Münster; Ernst Lutterbeck, Bonn; Karl-Heinrich Meyer-Uhlenried, Heidelberg; Herbert Paschen, Heidelberg, anläßlich des Kurses „Systemanalyse", durchgeführt von der Studiengruppe für Systemforschung, Heidelberg, vom 6.–8. 7. 1971 in Regensburg. Herausgegeben von Wilhelm Steinmüller, Regensburg. 1973.

Heft 9

**Die automatisierte Messung juristischer Begriffe**

Eine Untersuchung von Dr. Leo Reisinger, Wien. 1973.

Heft 10

**Soll-Konzept Automation des Mahnverfahrens**

Bericht und Dokumentation. Herausgegeben vom Justizministerium Baden-Württemberg, Stuttgart. 1974.

Heft 11

**Executive Information Systems and Congress**

By Hans D. Jarass, Cambridge (USA)/München. 1974.

Heft 12

**Simulationsmethoden in der juristischen Verfahrensforschung**

Von Jörg Dotterweich, Dr. Richard Franzen (Hrsg.), Manfred Weihermüller, St. Augustin. 1978.

Die **Arbeitspapiere Rechtsinformatik** dienen als aktuelles Diskussionsforum für alle an dem Bereich Rechtsinformatik Interessierten und bringen in erster Linie Informationen über und Beiträge zu Spezialfragen aus diesem Gebiet. Die Hefte erscheinen in unregelmäßiger Folge und mit unterschiedlichem Umfang.

Es dürfen nur Arbeiten eingereicht werden, die vorher weder im Inland noch im Ausland veröffentlicht worden sind. Der Autor verpflichtet sich, sie im Falle der Annahme auch nachträglich nicht an anderer Stelle zu publizieren. Mit der Annahme des Manuskriptes und seiner Veröffentlichung in den **Arbeitspapieren Rechtsinformatik** geht auch das Recht der photomechanischen Wiedergabe oder einer sonstigen Vervielfältigung auf den Verlag über.

Im Interesse einer schnellen Berichterstattung werden die für die **Arbeitspapiere Rechtsinformatik** eingereichten Manuskripte direkt auf photomechanischem Wege vervielfältigt und erscheinen im Druck daher so, wie sie abgeliefert werden. Die Autoren werden deshalb gebeten, bei der Manuskriptvorbereitung die unten abgedruckten Hinweise zu beachten. Manuskripte sind zu richten an J. Schweitzer Verlag Berlin, Verlagsbüro München, D-8000 München 80, Geibelstraße 8, Tel. 0811/479692. Es beschleunigt die redaktionelle Prüfung, wenn sie in doppelter Ausfertigung (Original und möglichst Xero Kopie) eingereicht werden. Erweist sich ein Manuskript als nicht reproduktionsfähig, muß es zur Neuschrift zurückgegeben werden. Die nachstehenden Hinweise sollen deshalb genau beachtet werden.

Manuskripte müssen mit Maschine auf kräftiges, weißes, tintenfestes Papier einseitig und mit 1½fachem Zeilenabstand geschrieben werden; Fußnoten, Tabellen und Literaturverzeichnis sowie gewisse Anmerkungen im Text werden mit einfachem Zeilenabstand geschrieben. Der Schreibraum pro Seite beträgt 15 x 23 cm. (Pica-Schrift): er darf nicht überschritten werden.

Da nur ein gleichmäßiger und scharfer Typenanschlag bei der Reproduktion zu einem sauberen Schriftbild führt, wird empfohlen, eine elektrische Schreibmaschine zu verwenden. Ein kräftiges schwarzes Farbband ist erforderlich. Zeichen, die nicht mit der Maschine geschrieben werden können, sind mit feiner Feder und schwarzer Tusche einzutragen. Das gleiche gilt für graphische Darstellungen. Radierungen und Schmutzflecke müssen vermieden werden, Verbesserungen sind durch Überkleber auszuführen. Sind mehrere Zeilen auszutauschen, so kann das Blatt auch zusammengeklebt werden, wobei die Zeilen parallel laufen und gleichen Abstand halten müssen. Das Manuskript ist wie folgt anzuordnen: Vorwort (falls erforderlich), Inhaltsverzeichnis mit Angabe der Manuskriptseitenzahlen, Text und gegebenenfalls Literaturverzeichnis. Absätze werden durch vergrößerten Zeilenabstand kenntlich gemacht, neue Absätze beginnen ohne Einzug der ersten Zeile. Überschriften werden nach links an den Rand gestellt.

Bei der Versendung der Manuskripte ist auf eine gute Verpackung zu achten, um eine Beschädigung zu vermeiden, damit die Vervielfältigungsmöglichkeit nicht beeinträchtigt wird.

# Die Analyse von Kosten und Nutzen bei Automationsvorhaben in der öffentlichen Verwaltung

Von

Dipl.-Kaufmann Werner Fix, Bonn

1980

J. Schweitzer Verlag · Berlin

Dipl. -Kaufmann Werner Fix ist Wissenschaftlicher Mitarbeiter am Institut für Datenverarbeitung im Rechtswesen der Gesellschaft für Mathematik und Datenverarbeitung mbH, Bonn.

CIP-Kurztitelaufnahme der Deutschen Bibliothek

Fix, Werner:
Die Analyse von Kosten und Nutzen bei Automationsvorhaben in der öffentlichen Verwaltung/ von Werner Fix. -Berlin: Schweitzer, 1979.
(Arbeitspapiere Rechtsinformatik; H. 13)
ISBN 3-8059-0563-7


Druck: Mercedes-Druck. - Bindearbeiten: Mikolai, Berlin. -
Printed in Germany

## Vorwort

Zur Vorbereitung von Automationsvorhaben der öffentlichen Verwaltung sind nach dem gegenwärtigen Stand der Automatisierungspraxis in der Bundesrepublik im allgemeinen Kosten-Nutzen-Untersuchungen erforderlich. Obwohl dies u.a. auf haushaltsrechtlichen Regelungen in Bund und Ländern beruht, geht es hierbei nicht etwa nur um "Wirtschaftlichkeit" im engeren Sinne (d.h. des optimalen Verhältnisses eindeutig monetär bewertbarer Aufwendungen und Erträge). Die vorliegende Arbeit stellt die obligate Wirtschaftlichkeitsrechnung in den Zusammenhang allgemeiner Bewertungsmethoden der Systemanalyse und betont die prinzipielle Bedeutung ihrer nicht nur i.e.S. "wirtschaftlichen" Aspekte (z.B. "Informationsnutzen"). Nach ihrer Entstehungsgeschichte war es jedoch nicht ihre Aufgabe, den Begriff der Wirtschaftlichkeit (speziell in der öffentlichen Verwaltung) in seiner Problematik zu thematisieren.

Die vorliegende Arbeit bietet eine ausführliche und an Beispielen illustrierte Einführung in die Praxis der Kosten-Nutzen-Analyse für die Verwaltungsautomation. Sie beruht dabei wesentlich auf der Durchführung eigener Untersuchungen im Justizbereich (deren Projektleiter der Verfasser war), welche sie in Umrissen darstellt und derer Erfahrungen sie vermittelt. Erkennbar wird dabei z.B. das in der gegenwärtigen Praxis relativ große Gewicht von Gesichtspunkten der Wirtschaftlichkeit i.e.S., andererseits die Tatsache, daß die zu deren Beurteilung nötigen Grunddaten über Verwaltungsverfahren in der Verwaltungspraxis weithin nicht greifbar sind und daher für eine Kosten-Nutzen-Analyse ad hoc erhoben werden müssen.

In diesem Rahmen ist zu erhoffen, daß die vorliegende Arbeit von W. Fix einen gerade auch praktisch nützlichen Beitrag zur Methodik der Systemanalyse des juristischen Bereichs (und damit auch zur Rechtsinformatik) erbringt.

Herbert Fiedler

Inhaltsverzeichnis

## 1. Zusammenfassung

In der öffentlichen Verwaltung besteht die Notwendigkeit, Arbeitsabläufe so rationell wie möglich zu gestalten. Die hierzu erforderlichen Investitionen sind das Ergebnis eines Entscheidungsprozesses, in dem Wirtschaftlichkeitsüberlegungen einen wichtigen Platz einnehmen. Inbesondere die durch Automatisierungsmaßnahmen ausgelöste Umstellung von Arbeitsabläufen erfordert eine Analyse von Kosten und Nutzen sowohl im Sinne eines monetär auszuweisenden Rationalisierungserfolges als auch in Form einer Bewertung imponderabler Nutzengrößen. Diese Studie möchte einen Beitrag zur besseren Bewältigung der dabei auftauchenden Probleme leisten und, aufgrund gewonnener Erfahrungen, mögliche Vorgehensweisen aufzeigen.

Anlaß dazu war die Kosten-Nutzen-Analyse des Verfahrens zur Automation des Gerichtskosten- und -kassenwesens einschließlich der Geldstrafenvollstreckung, die im Auftrag des Justizministers des Landes Nordrhein-Westfalen im Institut für Datenverarbeitung im Rechtswesen der Gesellschaft für Mathematik und Datenverarbeitung mbH, Bonn, durchgeführt wurde. Es bestand der Wunsch, die Erfahrungen aus der durchgeführten Untersuchung wissenschaftlich zu vertiefen und für ähnliche Aufgabenstellungen in der öffentlichen Verwaltung zu verallgemeinern.

Die Arbeit beginnt mit einem Abschnitt, der das methodische Instrumentarium der Analyse von Kosten und Nutzen zum Gegenstand hat. In ihm werden die Prinzipien verschiedener Ansätze herausgestellt und damit auch die unterschiedlichen Inhalte der Begriffe Kosten und Nutzen, über die in der Praxis häufig unklare Vorstellungen herrschen, erläutert.

Aus dem weiten Bereich der Analyse von Kosten und Nutzen wird dann der Gegenstand dieser Untersuchung eingegrenzt auf die wirtschaftlichen Auswirkungen von Automationsvorhaben in öffentlichen Verwaltungsbetrieben.

Es folgt die Darstellung der oben bereits erwähnten Wirtschaftlichkeitsuntersuchung zur Automation des gerichtlichen Kosten- und Kassenwesens. Hier soll beispielhaft gezeigt werden, wie bei einer sehr viele Verwaltungseinheiten umfassenden Analyse vorgegangen und in welcher Weise die besonders bei der Datenbeschaffung auftretenden Probleme bewältigt wurden. Die schon relativ stark komprimierte Darstellung von Einzelheiten demonstriert, wie aufwendig dabei die Arbeit im Detail ist, wenn kaum auf vorhandene Unterlagen zurückgegriffen werden kann.

Danach wird unabhängig von den Besonderheiten des vorhergehenden Abschnittes, aber aufbauend auf den dort gewonnenen Erfahrungen und Einsichten, dargestellt, wie in vergleichbaren Situationen bei Wirtschaftlichkeitsanalysen vorgegangen werden kann. Neben dem Hauptproblem der Kostenermittlung wird auf die Anwendung der Rechenverfahren und ihre Aussagefähigkeit eingegangen. Unter dem Aspekt, daß öffentliche Verwaltungen primär informationsverarbeitende Einheiten sind, werden auch die nur schwer quantifizierbaren Nutzenkriterien berücksichtigt. Es werden Methoden zur Messung des Informationsnutzens vorgestellt und gezeigt, wie dieses Instrumentarium in praktikabler Form auch im Bereich der öffentlichen Verwaltung eingesetzt werden kann.

Zum Schluß werden noch einige Möglichkeiten zur rechnerischen Berücksichtigung der Ungewißheit in der Wirtschaftlichkeitsanalyse aufgezeigt. Außerdem wird auf die Notwendigkeit und die erforderlichen Voraussetzungen einer effektiven Wirtschaftlichkeitskontrolle nach der Realisierung neuer Arbeitsverfahren hingewiesen.

## 2. Die vielfältigen Arten der Analyse von Kosten und Nutzen

Über das Begriffspaar Kosten und Nutzen herrscht in der Praxis häufig Unklarheit. Je nach Analysemethode und Anwendungsfall haben diese Begriffe einen anderen Inhalt[1]. In diesem Abschnitt soll versucht werden, Klarheit über den Gebrauch der Termini Kosten und Nutzen zu erlangen. Dabei geht es nicht um eine erschöpfende, lehrbuchartige Darstellung[2], vielmehr sollen die wesentlichen Kriterien und Merkmale der Methoden herausgestellt werden.

### 2.1 Einzelwirtschaftliche Betrachtungsweise

Unter diesem Aspekt werden Prinzipien und Verfahren der betriebswirtschaftlich orientierten Wirtschaftlichkeitsrechnung behandelt. Auch in der öffentlichen Verwaltung werden zur Unterstützung von Investitionsentscheidungen diese in der betriebswirtschaftlichen Theorie und Praxis entwickelten Instrumente in modifizierter Form angewandt. Man unterscheidet methodisch 2 Hauptgruppen: statische und dynamische Verfahren.

#### 2.1.1 Statische Wirtschaftlichkeitsrechnung

Im Rahmen der statischen Wirtschaftlichkeitsrechnung unterscheidet man die folgenden Verfahren:

---

[1] Vorwiegender Bewertungsmaßstab bei der
Stat. WiR. = Kosten und Leistung (betriebswirtsch.)
Dyn. WiR. = Ausgaben und Einnahmen (finanzwirtsch.)
NKA = Gesellschaftliche (soziale) Kosten und Nutzen
NWA = Andere Maßstäbe; losgelöst von monetärer Denkweise.
(Erläuterung der Termini später im Text.)

[2] Vertiefende Literatur vgl. Verzeichnis unter Ziffer 7.

- Kostenvergleichsrechnung
- Gewinnvergleichsrechnung
- Rentabilitätsrechnung
- Amortisationsrechnung.

Allen Verfahren ist die statische Betrachtungsweise gemeinsam: Der Zeitablauf im Investitionsprozeß wird nicht berücksichtigt. Weiter wird unterstellt, daß die zu vergleichenden Verfahren die gleiche Leistung erbringen. Die verschiedenen statischen Rechnungen führen aufgrund ihrer unterschiedlichen Zielsetzung auch zu unterschiedlichen Ergebnissen.

Zur Feststellung der Wirtschaftlichkeit wird in der Praxis am häufigsten der Kostenvergleich angewandt. Er eignet sich insbesondere zur Beurteilung von Ersatz- oder Rationalisierungsinvestitionen, d.h. ein bestehendes Verfahren wird durch ein neues ersetzt oder ein bestehendes Verfahren wird rationeller gestaltet. Voraussetzung ist dabei, daß beide Verfahren die gleiche Leistung erbringen. Dabei findet das Minimalprinzip der Wirtschaftlichkeit Anwendung: Bei vorgegebener Leistung wird der Mitteleinsatz minimiert (Sparsamkeit).

$\text{Wirtschaftlichkeit} = \frac{\text{Leistung}}{\text{Kosten}}$; durch die Kostanz der Leistung findet die Wirtschaftlichkeit in den unterschiedlichen Kosten[3] der Leistungserstellung ihren Ausdruck. Die Statik beim Kostenvergleich liegt in der Betrachtung der durchschnittlichen Kosten nur einer Rechnungsjahrperiode. Die Wirtschaftlichkeit der gesamten Nutzungsdauer eines Verfahrens kommt daher nicht zum Ausdruck. Ebenso wird der zeitlich unterschiedliche Anfall der Kosten und Kostenänderungen nicht berücksichtigt. Auch zum Kapitaleinsatz und seiner Rentabilität besteht keine Beziehung. Trotz der beschriebenen Nachteile der Kostenvergleichsrechnung ist sie dort sinnvoll, wo eine bestimmte Aufgabenstellung vorgegeben ist und die Art und Weise ihrer Durchführung anhand von Wirtschaftlichkeitsüberlegungen überprüft werden muß (typisch in der öffentlichen Verwaltung).

---

[3] Nach der betriebswirtschaftlichen Definition sind Kosten der bewertete Verzehr von Sachgütern und Dienstleistungen, der für die Erstellung der betrieblichen Leistungen entsteht.

Die anderen Formen der statischen Wirtschaftlichkeitsrechnung seien hier kurz erwähnt:
Die Amortisationsrechnung ist ein Risikomaßstab, mit dem festgestellt wird, in welcher Zeit das eingesetzte Kapital durch den erwirtschafteten Gewinn (Ersparnisse) zurückgeflossen ist. Als Ausdruck der Wirtschaftlichkeit gilt hier: Je kürzer die Amortisationszeit im Verhältnis zur Nutzungsdauer, desto wirtschaftlicher bzw. risikoärmer ist die Investition. Die Amortisationszeit liefert jedoch keine vollgültige Aussage über die Wirtschaftlichkeit eines Verfahrens.

Bei der Gewinnvergleichsrechnung wird der Einfluß von Investitionen auf den Gewinn festgestellt. Auswahlkriterium ist der höchste Jahresgewinn.

Bei der Rentabilitätsrechnung wird in Bezug zum eingesetzten Kapital die Rentabilität (Kapitalverzinsung) festgestellt. Grundlagen sind Kostenersparnisse (bei Ersatzinvestitionen) oder Gewinne (bei Erweiterungsinvestitionen).

### 2.1.2 Dynamische Wirtschaftlichkeitsrechnung

Die dynamischen Verfahren der Wirtschaftlichkeitsrechnung vermeiden einen wichtigen Mangel der statischen Verfahren: Sie fußen nicht nur auf den Ergebnissen eines Rechnungsjahres, sondern ermitteln die Gesamtwirtschaftlichkeit einer Investition über ihre gesamte Nutzungsdauer. Im Mittelpunkt der Betrachtung stehen finanzwirtschaftlich die durch eine Investition verursachten Zahlungsströme, d.h. Ausgaben und Einnahmen in ihrem Zeitablauf, die auf einen festen Bezugszeitpunkt diskontiert (auf- oder abgezinst) werden.

Die dynamische Investitionstheorie hat drei Verfahren der Wirtschaftlichkeitsrechnung entwickelt, die in enger Verbindung miteinander stehen. Sie basieren auf gleichen Bewertungsgrundlagen und beruhen auf dem gleichen Gedanken der Diskontrechnung. Unterschieden wird zwischen der

- Kapitalwertrechnung
- Internen Zinsfußrechnung
- Annuitätsrechnung.

In der Praxis haben sich die Kapitalwertmethode und die interne Zinsfußmethode durchgesetzt.

Bei der Kapitalwertrechnung wird die Kapitalverzinsung durch Ermittlung und Gegenüberstellung von Kapitaleinsatz (KE) und Kapitalwert (KW) beurteilt. Dabei kann KE = KW, KE > KW, KE < KW sein.

Wenn der Kapitaleinsatz = dem Kapitalwert ist, so bedeutet das, daß sich der Kapitaleinsatz aus den Gewinnen (Ersparnissen) amortisiert und Zinsen in Höhe des gewählten kalkulatorischen Zinsfußes abwirft. Ist der Kapitaleinsatz höher als der Kapitalwert, so wird das eingesetzte Kapital entweder nicht voll aus den Gewinnen (Ersparnissen) erwirtschaftet, oder nicht angemessen verzinst. Ist umgekehrt der Kapitaleinsatz geringer als der Kapitalwert, so ermöglicht die Investition die Wiedergewinnung des eingesetzten Kapitals und erwirtschaftet eine höhere Verzinsung als ursprünglich gefordert (kalkuliert).

Bei einem Vergleich alternativer Investitionen ist diejenige vorteilhaft, die die größte positive Differenz zwischen Kapitalwert und Kapitaleinsatz aufweist. Diese Differenz ist der eigentliche Beurteilungsmaßstab des Kapitalwertverfahrens.

Zwei Faktoren üben bei der dynamischen Investitionsrechnung einen besonderen Einfluß auf das Ergebnis aus. Generell spielt die Festlegung der Nutzungsdauer, für die die Zahlungsreihen errechnet werden, eine bedeutsame Rolle. Bei der Kapitalwertmethode ist speziell die Wahl des geeigneten Kalkulationszinsfußes kritisch.

Die interne Zinsfußrechnung beruht, wie oben bereits erwähnt, auf dem gleichen Grundgedanken wie die Kapitalwertrechnung. Dieser Zinsfuß kennzeichnet die Verzinsung eines Kapitaleinsatzes, die sich neben einer Amortisation aus den Gewinnen (Ersparnissen) ergibt. Der interne Zinsfuß drückt also die aus dem Zahlenbild der Investition sich ergebende tatsächliche Verzinsung aus, während der kalkulatorische Zinsfuß in der Kapitalwertrechnung bewußt eine geforderte Verzinsung des

Kapitals festlegt. Nur wenn Kapitalwert und Kapitaleinsatz zusammenfallen, entspricht dort der kalkulatorische Zinsfuß dem internen Zinsfuß.

Die Aussage der internen Zinsfußrechnung ist im Ergebnis klarer. Sie drückt sich nur in einem Wert, nämlich der effektiven Kapitalverzinsung aus. Dieser interne Zins kann hoch, niedrig, positiv oder negativ sein. Es bedarf nicht der Berechnung eines Hilfswertes: des Kapitalwertes. Im Gegensatz zur Kapitalwertrechnung ist die Feststellung des internen Zinsfußes jedoch dann kompliziert, wenn die Erträge (Einsparungen), was wohl der Normalfall ist, in den einzelnen Rechnungsperioden verschieden hoch anfallen. Es müssen verschiedene Zinsfüße ausprobiert und Interpolationen vorgenommen werden. In der Praxis hat sich daher die Kapitalwertmethode weitgehend durchgesetzt.

Das soll an dieser Stelle zur Veranschaulichung des Gesamtzusammenhanges der dynamischen Wirtschaftlichkeitsrechnung genügen.

Zum Schluß sei noch einmal der besondere Vorteil der dynamischen Betrachtungsweise gegenüber der der statischen dargestellt:
Die dynamische Wirtschaftlichkeitsrechnung
- erstreckt sich auf die gesamte Nutzungsdauer des Kapitaleinsatzes, nicht auf kurzfristige Erwartungen,
- berücksichtigt den Einfluß des Zeitfaktors durch Diskontierung der zeitlich unterschiedlich anfallenden Ausgaben und Einnahmen,
- berücksichtigt periodengerecht die unterschiedliche Höhe der anfallenden Ausgaben und Einnahmen.

Insbesondere bei schwankenden Ausgaben und Einnahmen, hohen Zinsfüßen oder langen Nutzungszeiten entstehen hieraus bedeutende Abweichungen gegenüber einer statischen Wirtschaftlichkeitsrechnung.

## 2.2 Gesamtwirtschaftliche Betrachtungsweise

In der betriebswirtschaftlich ausgerichteten Wirtschaftlichkeitsrechnung lassen sich Kosten und Leistungen bzw. Ausgaben und Einnahmen messen. Diese Erfolgsmessung ist bei Investitionen im volkswirtschaftlichen

Bereich häufig nicht ohne weiteres möglich, da hier viele Leistungen nicht marktgängig sind (z.B. Schul- und Straßenbau). Um die Auswirkungen von makroökonomisch orientierten öffentlichen Investitionen zu beurteilen, müssen auch die Nutzen- und Kostengrößen externer Effekte erfaßt werden.

### 2.2.1 Nutzen-Kosten-Analyse

In der Nutzen-Kosten-Analyse (NKA) versucht man dem Rechnung zu tragen, indem gesellschaftliche (soziale) Nutzen und Kosten in die Analyse einbezogen und - soweit möglich - auch monetär bewertet werden[4]. Zur Bestimmung des Ergebnisses bedient man sich dabei der Methoden der dynamischen Investitionsrechnung.

In der NKA muß die Frage der Zielsetzung geklärt werden: Worin bestehen die gesellschaftlichen Nutzen und Kosten eines Projektes? "Die gesellschaftlichen Nutzen und Kosten eines Projektes werden bestimmt, indem man fragt, wie sich die Nutzen der Individuen der Gesellschaft als Folge eines Projektes verändern"[5]. "Nach Auffassung der meisten Analytiker dienen Maßnahmen der öffentlichen Hand der Steigerung der allgemeinen 'Wohlfahrt'. Dabei kann das Betreben nach Mehrung der Wohlfahrt von zwei Gesichtspunkten gesehen werden: Einmal bedeutet Wohlfahrts-Mehrung eine Erhöhung des Realeinkommens durch optimale Allokation der Ressourcen. Zum anderen kann eine Wohlfahrts-Mehrung auch durch eine Einkommensumverteilung erreicht werden. Dieser letzte Gesichtspunkt tritt in der Regel bei der Ermittlung der Nutzen und Kosten zurück"[6].

---

[4] Recktenwald, Die Nutzen-Kosten-Analyse, Tübingen 1971, S. 15: "Da es sich hier um öffentliche Güter handelt, unterscheidet sich die Wirtschaftlichkeitsrechnung fundamental von jener für kommerzielle Investitionen, als an Stelle der privaten die sozialen Nutzen und Kosten treten. In dem Unterschied der privaten zu den sozialen Kosten und Nutzen (Erträgen) liegen gleichermaßen Chance und Schwäche der Methode."

[5] Dick, Nutzen-Kosten-Analyse, Köln 1972, S. 1.

[6] KGST, Moderne Verfahren der Entscheidungsvorbereitung und der Entscheidungsfindung, Köln 1973, S. 26.

Um möglichst alle internen und externen Nutzen und Kosten in die Berechnung einzubeziehen, gliedert man die Effekte in primäre (zu Marktpreisen bewertete), sekundäre (nur über Hilfsmaßstäbe bewertbare) und tertiäre (intangible, nicht quantifizierbare) Nutzen- und Kostengrößen. Bei der Erfassung und Bewertung sekundärer Nutzen und Kosten stellt sich das Problem, wie diese zugerechnet und in monetäre Größen transferiert werden können. Hierbei operiert man mit Opportunitätskosten (die Kosten einer Maßnahme werden mit Hilfe des entgangenen Nutzens alternativer anderer Verwendungsmöglichkeiten festgestellt) oder mit Faktorkosten (der unter der Annahme von Marktbedingungen erforderlichen Kosten). Bei der Bewertung des Nutzens gestaltet sich die Transformation noch schwieriger: Man versucht, Nutzen als Kostenersparnis im Vergleich zu anderen Projekten auszudrücken oder die Zahlungsbereitschaft der Abnehmer öffentlicher Leistungen zu erkennen, indem man hypothetische oder faktische Marktpreise ermittelt.

Im Rahmen dieses Berichtes kann auf die Problematik nicht weiter eingegangen werden. Eine gut verständliche Darstellung ist aber in der schon zitierten Veröffentlichung der KGSt[7)] enthalten.

Zur Bestimmung intangibler Nutzen und Kosten bietet sich die im folgenden Abschnitt kurz dargestellte Nutzwertanalyse an.

### 2.2.2 Nutzwertanalyse

Die Nutzwertanalyse (NWA)[8)] unterscheidet sich von allen im vorhergehenden dargestellten Verfahren. Während dort alles auf eine einzige Zielvorstellung, einen möglichst hohen monetären Nutzen, ausgerichtet

7) KGSt, Moderne Verfahren..., S. 28ff.

8) Diese Darstellung lehnt sich an den Abschnitt Nutzwertanalyse in: KGSt, Moderne Verfahren..., S. 12ff., an. Dort wird die Vorgehensweise auch an einem Beispiel (Errichtung eines Flughafens) demonstriert.
Zur Vertiefung der Problematik vgl.: Zangemeister, Nutzwertanalyse in der Systemtechnik, München 1970.

war, zielt die NWA auf die Bewertung unterschiedlicher Zielsetzungen. Sie eignet sich daher vor allem zur Auswahl und Bewertung komplexer Projektalternativen, die der Verwirklichung unterschiedlicher Ziele dienen. Dabei kann "Wirtschaftlichkeit" eine der einem Oberziel untergeordneten Zielgrößen sein. Der Gesamtnutzwert, der sich aus den Teilurteilen über die verschiedenen Kriterien zusammensetzt, ist in der Regel keine monetäre Größe, sondern ein dimensionsloser Ordnungsindex.

Die NWA wird in mehreren Schritten abgewickelt:

- Zunächst wird ein Zielsystem erstellt, in dem ein allgemein formuliertes Ziel (z.B. optimaler Standort für einen Flughafen) soweit in Unterziele zerlegt wird, daß entscheidungsrelevante Zielkriterien bestimmt (z.B. Verkehrsaufkommen, Lärmbelästigung, Hindernisfreiheit) und im einzelnen beschrieben werden können.

- Im Rahmen des Zielsystems wird zunächst für jedes Kriterium ein Zielgewicht bestimmt. Auf diese Weise wird seine relative Gewichtung innerhalb des gesamten Zielsystems festgelegt[9]. Die Erstellung des Zielsystems und die Gewinnung der Zielgewichte bilden die problematische Phase der NWA. Hier besteht die Gefahr subjektiver Einflußnahme, die aber durch die Einbeziehung unterschiedlicher Interessenten und durch eine allmähliche Angleichung der Wertvorstellungen - etwa mit Hilfe der Delphi-Methode - objektiviert werden kann. Bei der Ermittlung der Zielerreichungsgrade handelt es sich um die Bewertung von zum Teil objektiv feststellbaren Tatsachen[10]

- Sodann erfolgt die Ermittlung der Zielerträge. Sie sind das Ergebnis einer Multiplikation der Zielgewichte mit den entsprechenden Zielerreichungsgraden. Als Bewertungsschema wird in der Regel eine Punkteskala zugrundegelegt, wobei vorher der Wertinhalt der einzelnen Ziffern vereinbart sein muß.

- Aus der Summe der Zielerträge der einzelnen Kriterien ergibt sich der Nutzwert eines Projektes. Aus den verschiedenen Nutzwerten ergibt sich die Rangfolge der Alternativen.

---

[9] Z.B. die Gewichtung der Kriterien Verkehrsaufkommen, Lärmbelästigung, Hindernisfreiheit in Bezug auf das Gesamtziel: optimaler Standort eines Flughafens.

[10] Z.B. in welchem Maße die Hindernisfreiheit bei den verschiedenen Alternativen (Standorten) gewährleistet ist.

In die NWA fließen eine Reihe subjektiver Wertungen ein. Sie kann daher nicht allgemein gültige Ergebnisse liefern, sondern ist letztlich an den Wertvorstellungen der Entscheidungsträger orientiert. "Durch Offenlegung der Kriterien sowie durch die Angabe der an diesen Kriterien orientierten Bewertungsregeln wird das Wertsystem des Entscheidungsträgers transparent gemacht und die Möglichkeit eröffnet, Ergebnisse und Entscheidungen zu überprüfen. Die Rationalität von Entscheidungen kann nämlich nur beurteilt werden, wenn neben Daten und Alternativen auch die Zielkriterien und Bewertungsregeln bekannt sind"[11].

Im Gegensatz zur verbalen und summarischen Darstellung von "Nutzen" hat die Nutzwertanalyse den Vorteil, daß sie

- komplexe Entscheidungsprobleme in Teilentscheidungen zerlegt und damit den Verantwortlichen die Entscheidung erleichert,
- den Entscheidungsgang offenlegt,
- Werturteile explizit und damit nachvollziehbar und kontrollierbar macht,
- den Entscheidungsprozeß systematisiert.

## 2.3 Gesetzliche Regelungen

Im Bereich der öffentlichen Verwaltung fehlt der Wettbewerbsdruck, der die Behörden zu wirtschaftlich effizientem Handeln zwingt. Soweit Rechts- und Sozialstaatlichkeit dem entgegenstehen, kann wirtschaftliche Effizienz auch nicht oberstes Ziel des Verwaltungshandelns sein. Da die Automation von Verwaltungssystemen mit erheblichen Investitions- und Folgekosten verbunden ist, ist es notwendig, den wirtschaftlichen Einsatz der Mittel zu prüfen. Neben der qualitativen Verbesserung soll auch eine kostengünstigere Gestaltung der Arbeitsorganisation angestrebt werden. Die Begrenztheit der Mittel zwingt in verstärktem Maße dazu.

---

[11] Kiefer, Strebel, Wolf, Ökonomische Fragen der öffentlichen Verwaltung II, Baden-Baden 1977, S. 128.

Nach §7 der Bundeshaushaltsordnung sind die Grundsätze der Wirtschaftlichkeit und Sparsamkeit zu beachten und für geeignete Maßnahmen von erheblicher finanzieller Bedeutung Nutzen-Kosten-Untersuchungen anzustellen.

In den vorläufigen Verwaltungsvorschriften zu §7, Abs. 1 der Bundeshaushaltsordnung[12)] ist nach dem Grundsatz der Wirtschaftlichkeit die günstigste Zweck-Mittel-Relation auch bei Maßnahmen organisatorischer und verfahrensmäßiger Art anzustreben (Vorl. VV-BHO zu §7, Ziffer 1). Dabei wird der Grundsatz der Wirtschaftlichkeit durch die Anführung des ökonomischen Prinzips so präzisiert, daß entweder

- ein bestimmtes Ergebnis mit möglichst geringem Einsatz von Mitteln (Minimalprinzip) oder
- mit einem bestimmten Einsatz von Mitteln das bestmöglichste Ergebnis (Maximalprinzip)

erreicht wird.

Weiter wird vorgeschrieben, daß bei der Untersuchung einzelner oder alternativer Maßnahmen die nach den Erfordernissen des Einzelfalles einfachste und am wenigsten aufwendige Methode anzuwenden ist. Dabei wird insbesondere auf finanzwirtschaftliche und betriebswirtschaftliche Kosten- und Nutzenvergleiche hingewiesen[13)]. Ebenso ist eine Erfolgskontrolle während oder nach der Durchführung von Maßnahmen vorgesehen.

Gemäß §7, Abs. 2 BHO sind für geeignete Maßnahmen von erheblicher finanzieller Bedeutung Nutzen-Kosten-Untersuchungen anzustellen. Nach den Vorläufigen Verwaltungsvorschriften zu §7, Abs. 2 BHO sind dabei auch gesellschaftliche Kosten und Nutzen einzubeziehen und nach Möglichkeit zu quantifizieren. In der Erläuterung zur Durchführung von Nutzen-Kosten-Untersuchungen[14)] zählen zu Nutzen-Kosten-Untersuchungen:

---

12) Vgl. Min.Bl. BMF Nr. 13, 1973, S. 194ff.
Ähnliche Regelungen gelten auch in den Bundesländern.

13) Damit sind die in diesem Bericht weiter oben angeführten Methoden der statischen (Ziffer 2.1.1) und dynamischen (Ziffer 2.1.2) Wirtschaftlichkeitsrechnung angesprochen.

14) Rundschreiben des BMF von 21.5.1973 (MinBlFin 1973, S. 293).

- Kosten-Nutzen-Analysen, in denen Kosten und Nutzen möglichst in Geld bewertet werden. Grundlage der Bewertung sind tatsächliche, berichtigte oder zu unterstellende Marktpreise[15].
- Kosten-Wirksamkeits-Analysen, in denen eine Bewertung in nicht monetären Einheiten vorgenommen wird, wobei Maßstab der Bewertung das zugrundegelegte Zielsystem und eine Gewichtung der einzelnen Ziele ist[16].

Für die Durchführung von Nutzen-Kosten-Untersuchungen enthält das Rundschreiben ein stufenförmig aufgebautes Verfahrensmuster. Die Verfahren der Kosten-Nutzen-Analyse und der Kosten-Wirksamkeits-Analyse sind dabei unter dem Oberbegriff Nutzen-Kosten-Untersuchungen zusammengefaßt.

---

[15] Der Begriff der Kosten-Nutzen-Analyse entspricht weitgehend den Ausführungen unter Ziffer 2.2.1 in diesem Bericht: Nutzen-Kosten-Analyse.

[16] Der Begriff Kosten-Wirksamkeits-Analyse entspricht weitgehend den Ausführungen unter Ziffer 2.2.2 in diesem Bericht: Nutzwertanalyse.

## 3. Eingrenzung des Untersuchungsbereiches

Die weiteren Ausführungen in dieser Studie beziehen sich nun nicht auf das weite Feld der Analyse von Kosten und Nutzen in allen vorkommenden Variationen. Sie sind vielmehr eingegrenzt auf die wirtschaftlichen Auswirkungen von Organisationsänderungen wie sie insbesondere durch Automationsvorhaben in der öffentlichen Verwaltung ausgelöst werden.

Die grahpische Darstellung auf der folgenden Seite soll den Standort im gesamten Spektrum aufzeigen und die Eingrenzung verdeutlichen. Die dort dargestellten Aufgabenbereiche werden danach kurz erläutert.

Mögliche Aufgabenstellungen und Eingrenzung auf unseren Untersuchungsbereich

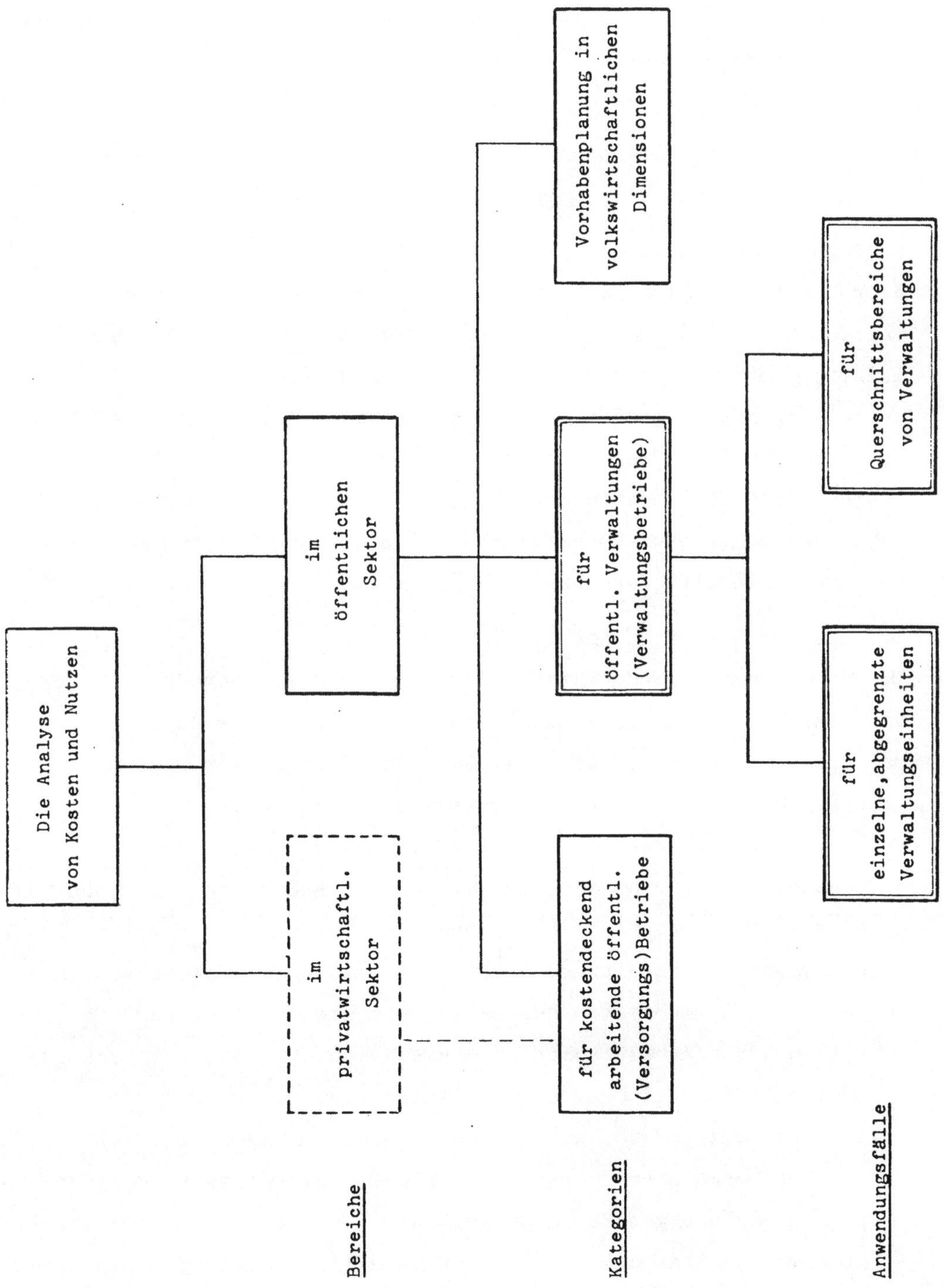

Erläuterungen:

- Privatwirtschaftlicher Sektor.
  Dieser Sektor bleibt hier außer Betracht. Die Verfahren der Investitionsrechnung wurden jedoch in der betriebswirtschaftlichen Theorie und Praxis entwickelt und von daher besteht ein Einfluß auf die Analyse von Vorhaben im öffentlichen Sektor.
- Öffentlicher Sektor.
  Die Analyse von Kosten und Nutzen im öffentlichen Bereich kann in 3 Kategorien gegliedert werden:
  - Kostendeckend arbeitende öffentliche Betriebe.
    Hier handelt es sich meist um Versorgungsbetriebe (z.B. Wasser-, Gas-, Elektrizitätswerke) oder um Verkehrs- und ähnliche Dienstleistungsunternehmen der öffentlichen Hand. Die Art ihrer Leistungserstellung ist in großem Maße denen privatwirtschaftlich geführter Betriebe ähnlich. Die spezifische Beschaffenheit ihres Betriebsablaufes ermöglicht und fordert eine Kontrolle der Wirtschaftlichkeit nach betriebswirtschaftlichen Methoden und Maßstäben (stat. und dyn. Investitionsrechnung).
  - Öffentliche Verwaltungen.
    Unser Untersuchungsgegenstand sind - wie bereits angedeutet - die wirtschaftlichen Auswirkungen von Organisationsänderungen bei Automationsvorhaben in der öffentlichen Verwaltung. Hier lassen sich wiederum 2 Anwendungsbereiche unterscheiden:
    -- Einzelne, abgegrenzte Verwaltungseinheiten.
    Gedacht ist hier an die Beurteilung von Maßnahmen, die innerhalb einer Verwaltungseinheit durchgeführt werden (nicht für viele Verwaltungen gleichzeitig). Beispiel: Wirtschaftlichkeit von Investitionen im Bereich der Daten- und Textverarbeitung. Umstellung von Arbeitsabläufen (Vereinfachung, Automatisierung).
    -- Querschnittsbereiche von Verwaltungen.
    Es handelt sich hier um die Analyse der Wirtschaftlichkeit von Teilbereichen einer Verwaltungseinheit, dies aber für eine große Zahl gleichartiger Verwaltungen. Als Beispiel dafür kann die im nächsten Kapitel ausführlich dargestellte Analyse der Wirtschaft-

lichkeit des Gerichtskosten- und -kassenwesens für den Bereich des Landes Nordrhein-Westfalen gelten. Ähnlich verhält es sich mit der Nutzen-Kosten-Untersuchung für das Projekt Automatisierung des Grundbuches. Weitere Beispiele hierfür lassen sich im Bereich der allgemeinen Verwaltung denken, insbesondere im Hinblick auf eine Dezentralisierung der Computerintelligenz in Richtung einer arbeitsplatznahmen Datenverarbeitung.

- Vorhabensplanung in volkswirtschaftlichen Dimensionen.
  Hierbei handelt es sich um gesamtwirtschaftlich bedeutsame Investitionsentscheidungen mit komplexer Zielsetzung und von erheblicher finanzieller Bedeutung. Beispiele: Infrastrukturmaßnahmen (Verkehrssysteme: Schiene, Straße, Wasser), Siedlungs-, Gesundheits-, Bildungswesen.

## 4. Die Analyse der Wirtschaftlichkeit der Automation des Gerichtskosten- und -kassenwesens einschließlich der Geldstrafenvollstreckung

### 4.1 Aufgabenstellung

In einer in den Jahren 1974-76 durchgeführten Wirtschaftlichkeitsanalyse konnten auf dem im vorigen Abschnitt näher bezeichneten Sektor praktische Erfahrungen gewonnen werden. Auftraggeber dieser Analyse war der Justizminister des Landes Nordrhein-Westfalen (JMNW). Es war die Aufgabe dieses Projektes, in Zusammenarbeit mit dem Justizministerium NW eine Kosten-Nutzen-Analyse durchzuführen, die die Wirtschaftlichkeit der geplanten Automatisierung des Gerichtskosten- und -kassenwesens sowie der Geldstrafenvollstreckung (WIKOST) zum Gegenstand hatte. Die Wirtschaftlichkeitsrechnung sollte die Entscheidung über die Einführung des neuen Verfahrens unterstützen und aufzeigen, wie sich die geplanten Maßnahmen voraussichtlich wirtschaftlich auswirken. Ein Entwurf des Automationsvorhabens lag im "Rahmen-Soll-Konzept"[17] des JMNW vor. Seit Mitte 1975 erfolgte die praktische Erprobung des Verfahrens bei dem Land- und Amtsgericht sowie der Staatsanwaltschaft in Düsseldorf.

Zur Veranschaulichung der Aufgabenstellung wird im folgenden die Struktur des zu untersuchenden Bereiches beschrieben. Die Darstellung kann an dieser Stelle nur umrißhaft sein und soll in erster Linie zum Verständnis der Komplexität der Untersuchung und zur methodischen Vorgehensweise beitragen. Es wird kein Anspruch auf Vollständigkeit erhoben[18].

---

[17] Arbeitsgruppe Automation des Kostenwesens, Rahmen-Soll-Konzept eines Verfahrens zur Automation des Gerichtskosten- und -kassenwesens. Grundlagen für einen praktischen Versuch. Düsseldorf im März 1973.

[18] Diese Beschreibung sowie der weitere Inhalt des 4. Abschnittes fußen auf:
Fix/Dotterweich, Kosten-Nutzen-Analyse des Verfahrens zur Automation des Gerichtskosten- und -kassenwesens einschließlich der Geldstrafenvollstreckung. Projektbericht.
Teil I: Die Kosten des bestehenden Verfahrens, 1975, 261 S.
Teil II: Die Kosten des automatisierten Verfahrens, Kostenvergleich, Nutzen-Analyse, 1977, 149 S.

## 4.2 Umfang und Struktur des Untersuchungsbereiches

Die Untersuchung erstreckte sich auf alle Gerichte der ordentlichen und der Verwaltungsgerichtsbarkeit im Bereich des Landes Nordrhein-Westfalen. Das waren zum damaligen Zeitpunkt 3 Oberlandesgerichte, 19 Landgerichte und Staatsanwaltschaften, 158 Amtsgerichte sowie 8 Verwaltungsgerichte einschließlich OVG.

Bei den Gerichten bzw. Staatsanwaltschaften waren folgende Arbeitsbereiche betroffen:

- Kostenansatz und -einforderung
- Kosteneinziehung
- Geldstrafenvollstreckung

Bei den Gerichten und Staatsanwaltschaften sind Beamte des mittleren Dienstes und Angestellte vergleichbarer Vergütungsgruppen sowie Beamte des gehobenen Dienstes als Kostenbeamte tätig.

Sie prüfen die Verfahrensakten nach Maßgabe der Kostengesetze (Gerichtskostengesetz, Kostenordnung). Sind Gerichtskosten (Gebühren und Auslagen) entstanden, nehmen sie diese - gegebenenfalls zusammen mit einer Geldstrafe oder Geldbuße - in eine Kostenrechnung auf. Bei Geldstrafenvollstreckungen und in den Fällen, in denen die Tätigkeit des Gerichts von vorheriger Kostenzahlung abhängig gemacht ist, veranlassen sie eine Zahlungsaufforderung an den Zahlungspflichtigten, anderenfalls überweisen sie die Kostenforderung der Gerichtskasse zur selbständigen Einziehung.

In einem Verfahren entsteht in der Regel eine Gebühr für das Verfahren im allgemeinen. Außerdem kann auch eine einzelne gerichtliche Handlung (z.B. Erlaß eines Urteils) eine Gebühr auslösen.

Überwiegend bemessen sich die Gebühren nach einem Gebührensatz, der in etwa die Mühewaltung des Gerichts ausdrücken soll, und nach dem Wert der Angelegenheit (Streit- oder Geschäftswert). Der Betrag der Gebühren wird Tabellen entnommen.

Es ist ein wesentliches Merkmal der Kostenbeamtentätigkeit, daß nur ein geringer Teil der Mitarbeiter diese Tätigkeit voll ausübt (Zivil-, Strafsachen). Zu einem großen Teil wird diese Aufgabe vom Sachbearbeiter (z.B. Rechtspfleger in der freiw. Gerichtsbarkeit) selbst wahrgenommen. Die Kostenbeamtentätigkeit umfaßt nur einen verhältnismäßig geringen Teil der sonstigen Tätigkeit.

Die Kosteneinziehung ist Aufgabe der Gerichtskassen. In NW sind an 13 Amtsgerichten Gerichtskassen eingerichtet. Außerdem nimmt die Oberjustizkasse Hamm Amtskassengeschäfte wahr. Dort arbeiten in verschiedenen Funktionsgruppen mit der Entgegennahme, Verbuchung und zwangsweisen Beitreibung von Verfahrenskosten befaßte Mitarbeiter. Bei der Einforderung von Kostenvorschüssen und Geldstrafen fungiert die Kasse als Zahlungsempfänger und gibt darüber eine Zahlungsanzeige zur Akte, während bei einer Sollstellung (meist Endrechnung) die Rechnung über die Kasse an den Kostenschuldner gelangt. In diesen Fällen verfolgt die Gerichtskasse den Zahlungseingang (evtl. Stundung, Mahnung) und ergreift notfalls Beitreibungsmaßnahmen.

An den Amtsgerichten ohne Gerichtskasse existieren Gerichtszahlstellen. Sie sind praktisch Außenstellen der zuständigen Gerichtskassen.

An Landgerichten und Präsidialamtsgerichten sind Bezirksrevisoren tätig, denen die Kostenprüfung (Feststellung der Rechtzeitigkeit, Richtigkeit und Vollständigkeit des Kostenansatzes) für ihren Bezirk obliegt.

Vermögensstrafen werden zusammen mit den Verfahrenskosten von den bei den Vollstreckungsbehörden (Staatsanwaltschaften) tätigen Kostenbeamten eingefordert. Die Überprüfung der Zahlungseingänge erfolgt durch die Strafvollstreckungsrechtspfleger[19]. An der Überwachung von Fristen sind in starkem Maße die Geschäftsstellen der Vollstreckungsbehörden beteiligt.

---

19) Soweit nicht inzwischen auf den mittleren Dienst übertragen.

Alles mit dem Kostenwesen und der Geldstrafenvollstreckung anfallende Schreibwerk (z.B. Kostennachrichten, Sollstellungen, Stundungsbescheide, Mahnungen, Vollstreckungsaufträge) wird in den Kanzleien der Gerichte gefertigt.

Diese kurze Übersicht läßt bereits erkennen, daß in jedem einzelnen Gericht bzw. jeder Staatsanwaltschaft durch die geplante Automatisierung des Kostenansatzes, der Kosteneinforderung und der Geldstrafenvollstreckung eine ganze Reihe funktional zwar miteinander verbundener, aber organisatorisch nicht zusammengehöriger Arbeitsbereiche betroffen sind. Zur Beurteilung der wirtschaftlichen Auswirkungen der Automatisierung mußten nun als erste Maßnahme die Kosten des derzeit bestehenden Verfahrens ermittelt werden.

## 4.3 Ermittlung der Kosten des bestehenden Verfahrens

### 4.3.1 Erhebung

Aufzeichnungen oder Abschätzungen über den Personaleinsatz in den verschiedenen Bereichen waren nicht vorhanden. Sie konnten auch nicht auf einfache Weise beschafft werden, da die infragekommenden Mitarbeiter nur zu einem Teil ihrer Arbeitszeit mit entsprechenden Tätigkeiten befaßt waren. Das gleiche gilt - mit wenigen Ausnahmen - für den Einsatz an Sachmitteln. Die zur Kostenanalyse notwendigen Daten mußten daher am Ort ihrer Entstehung (in den einzelnen Gerichten) erfaßt werden.

Zusammen mit der "Arbeitsgruppe Automation des Kostenwesens" beim Amtsgericht Düsseldorf wurde eine Erhebung vorbereitet und durchgeführt. Befragt wurden in Nordrhein-Westfalen 53 von insgesamt 158 Amtsgerichten, alle 19 Landgerichte, die 3 Oberlandesgerichte, die 14 Gerichtskassen und alle 8 Verwaltungsgerichte (einschließlich OVG). Um die Arbeitsbelastung bei den Amtsgerichten in Grenzen zu halten, wurde eine repräsentative Auswahl getroffen. Die notwendige Hochrechnung auf alle Amtsgerichte in Nordrhein-Westfalen erforderte einen erheblichen Mehraufwand bei der Auswertung, der bewußt in Kauf genommen wurde.

In die Erhebung wurden über die kostenbezogenen Daten hinaus auch Angaben über die Struktur des relevanten Personalbereiches einbezogen. Dadurch wurde erstmalig ein mengenmäßiger Überblick über alle mit dem Kosten- und Kassenwesen und der Geldstrafenvollstreckung befaßten Personen, vor allem ihr jeweiliger Anteil daran, geschaffen. Diese Kenntnis ist wiederum eine wesentliche Voraussetzung zur Beurteilung der Auswirkungen der Automatisierung.

Der personalbezogene Teil der Erhebung wurde nach den oben aufgeführten[20] Funktionsgruppen gegliedert. Innerhalb der Funktions-

---

[20] Vgl. Seite 23 ff.

gruppen wurde jeder mit einer entsprechenden Tätigkeit befaßte Mitarbeiter schriftlich befragt. Unter anderem wurden festgestellt: Besoldungsdaten, bearbeitete Sachgebiete (=Gruppen von Registerzeichen) nach ihren Anteilen, Arbeitsbelastung durch Kostenansatz etc., beanspruchte Bürofläche, Benutzung von Sachmitteln. Der Erhebungszeitraum umfaßte 25 Arbeitstage. Die Daten wurden in jedem der in die Befragung einbezogenen Gerichte ermittelt und anonymisiert weitergegeben.

Zur Ermittlung des bearbeiteten Datenvolumens wurde von den Gerichten eine Aktenauswertung vorgenommen. Sie umfaßte 10% des Arbeitsanfalles eines abgeschlossenen Kalenderjahres. Erhoben wurden

- die Anzahl der Urschriften von Kostenrechnungen, gegliedert nach Arten und Registerzeichen,
- die Anzahl der Vorgänge bei Vermögensstrafen (=Geldstrafenvollstreckung),
- das Datenvolumen in den Gerichtskassen sowie der Geschäftsanfall bei den Gerichtszahlstellen.

Die Kenntnis des Datenvolumens ist u.a, für die Beurteilung des Geschäftsanfalles im Kassen-, Geschäftsstellen- und Kanzleibereich und zur Ermittlung der Vordurck- und Versendungskosten von Bedeutung. Sie ist vor allem auch eine wichtige Grundlage zur Konzeption der Datenerfassung im automatisierten Verfahren.

Die Auswertung einer so großen Datenmenge war nur mit Hilfe der EDV möglich. Die Erhebungsbögen waren so konzipiert, daß eine problemlose Übertragung in EDV-gemäße Dateien möglich war. Die Daten wurden über Datensichtstationen mit Hilfe eines Datenbanksystems der GMD gespeichert und ausgewertet[21]. Die Auswertung der Daten nach allen relevanten Gesichtspunkten bildete das Mengengerüst für die Kostenanalyse. Qualität und Vollständigkeit von Erhebung und Auswertung sind naturgemäß von großer Bedeutung für das Ergebnis der Analyse. Auf einzelne Probleme hierzu wird weiter unten unter Ziffer 4.7. näher eingegangen.

---

[21] Zur Veranschaulichung der Größenordnung: Der Platzbedarf der Grunddateien betrug ca. 520 K Bytes und der Auswertungsdateien ca. 3.600 K Bytes Plattenspeicher.

Im folgenden soll nun dargestellt werden, wie die Kosten des Istzustandes ermittelt wurden.

### 4.3.2 Personalkosten

Die quantitativen Personaldaten wurden in verschiedenen Tabellen nach Funktionsgruppen (Kostenbeamte, Bezirksrevisoren, usw.), Besoldungs- und Vergütungsgruppen (Besoldungsordnung A, BAT) und Sachgebieten (Zivilsachen, Mahnsachen, usw.) ausgewertet und zu "errechneten Stellen" zusammengefaßt. Diese errechneten Stellen bilden die Grundlage der Personalkkostenermittlung. In ihnen sind die vielen Arbeitszeitanteile zu vollen Stellen zusammengefaßt.[22] Die gespeicherten Daten spiegeln die genaue Besoldungs- und Vergütungsstruktur der Beamten und Angestellten im Erhebungszeitraum wider.

In der gleichen Gliederungstiefe mußten nun die Kostenfaktoren (=Bewertungssätze, mit deren Hilfe Mengenangaben zu Kosten werden) ermittelt werden. Die Beamtenbezüge setzen sich beispielsweise aus folgenden Kostenkomponenten zusammen:

- Grundbezüge je Besoldungsgruppe und Dienstaltersstufe.
- Ortszuschlag nach Familienstand aufgrund bestimmter Annahmen (Kopplung mit BDA).
- Stellenzulage, soweit es sich um allgemeine Zulagen handelt, die jeder Bedienstete bekommt.

Monatsbezüge = Addition dieser Positionen.
Vorläufige Jahresbezüge = × 12;
Endgültige Jahresbezüge = Vorzeile + Sonderzuwendung in Höhe eines 13. Monatsgehaltes.

Zur Bestimmung der Gesamt-Stellenkosten sind die Sozialleistungen des Dienstherren (Arbeitgebers) zu berücksichtigen. Dazu gehören folgende Positionen:

---

[22] Errechnete Stellen setzen sich aus vielen Anteilen realer Stellen zusammen. So bilden z.B. 2366 mit Kostenbeamtentätigkeit befaßte Mitarbeiter 375 errechnete Stellen. In diesen Stellen sind Zeiten für Krankheit, Urlaub, Fortbildung und sog. nichtdienstliche Verrichtungen eingerechnet.

- Altersversorgung der Beamten.
  Da die Beamtenbezüge - im Gegensatz zu nicht beamteten Arbeitnehmern - keine Bestandteile für die spätere Altersversorgung enthalten, muß man hier mit einer Behelfskonstruktion arbeiten. Die Leistungen, die der Staat für die spätere Versorgung zu erbringen hat, können, bezogen auf die jetzigen Bezüge des einzelnen Beamten, kaum ermittelt werden. Ersatzweise wird für die Beamten ein Versorgungszuschlag ermittelt, der den Leistungen zur Versorgung der Angestellten im öffentlichen Dienst (einschließlich Arbeitnehmeranteil) entspricht. Dem entspricht auch die Regelung, daß aus dem Beamtenverhältnis ausscheidende Personen gemäß § 9 AnVNG in der Angestelltenrentenversicherung nachzuversichern sind. Um jedoch die für Angestellte im öffentlichen Dienst übliche Versorgung zu erreichen, ist zusätzlich der Beitrag zur VBL anzusetzen.

- Vermögenswirksame Leistungen.
  Nach einer Schätzung des Landesamtes für Besoldung und Versorgung NW (LBV) werden von etwa 90% der Beamten Leistungen nach dem Vermögensbildungsgesetz in Anspruch genommen.

- Beihilfen.
  Hier wurde ein jährlicher durchschnittlicher Betrag, der aus Unterlagen des LBV ermittelt wurde, in Ansatz gebracht.

- Trennungsentschädigung, Umzugskostenvergütung.
  Aus den Ansätzen des Haushaltsplanes wurde ein Durchschnittswert ermittelt.

Die Gesamt-Stellenkosten ergeben sich aus der Addition aller aufgeführten Positionen.

Ein Berechnungsbeispiel der Jahreskosten 1974 einer Stelle A 8/BDA 10 soll das erläutern:

| | | |
|---|---|---|
| 1. | Grundbezüge | 1.323 DM/Mt. |
| 2. | Ortszuschlag (verh., 2 Kinder) | 572 DM/Mt. |
| 3. | Kinderzuschlag (2 Kinder) | 100 DM/Mt.[23] |
| 4. | Stellenzulage (mittl. Dienst) | 67 DM/Mt. |
| 5. | Monatsbezüge (Zeile 1. - 4.) | 2.062 DM |
| 6. | × 12 Monate = Zwischensumme | 24.744 DM/Jahr |
| 7. | Sonderzuwendung | 2.062 DM/Jahr |
| 8. | Jahresbezüge (Zeile 6. + 7.) | 26.806 DM/Jahr |
| 9. | Altersversorgung (23,5% v. Zeile 8.) | 6.299 DM/Jahr |
| 10. | Vermögenswirksame Leistungen | 140 DM/Jahr |
| 11. | Beihilfen | 600 DM/Jahr |
| 12. | Trennungsentsch./Umzugskostenvergütung | 125 DM/Jahr |
| 13. | Gesamt-Stellenkosten | 33.970 DM/Jahr |

Bei den Angestelltenvergütungen wurde, mit Ausnahme der Arbeitgeberanteile zur gesetzlichen Sozial- und Krankenversicherung ähnlich verfahren.

Die Personalkosten waren nun recht einfach durch Multiplikation der errechneten Stellen mit den entsprechend nach Besoldungs- und Vergütungsmerkmalen differenzierten Kostenfaktoren zu ermitteln. Sie wurden getrennt nach Funktionsgruppen addiert, für jedes Gericht ausgewiesen und schließlich nach Gerichtstypen für die OLG Bezirke und NW gesamt nach folgendem Schema zusammengefaßt:

[23] Ab 1975 werden Kinderzuschläge nicht mehr gezahlt. Das Kindergeld nach dem Bundeskindergeldgesetz ist kein Bestandteil der Besoldung bzw. Vergütung.

| Gerichte | OLG-Bezirke | Kosten-beamte TDM | Bezirks-revisoren TDM | Straf-vollstr. TDM | Gerichts-kassen TDM | Zahl-stellen TDM | Kanzlei-kräfte TDM | Gesamt TDM |
|---|---|---|---|---|---|---|---|---|
| AG | Düsseld. | | | | | | | |
| | Hamm | | | | | | | |
| | Köln | | | | | | | |
| | NW | | | | | | | |
| LG | Gliederung wie bei AG | | | | | | | |
| OLG | | | | | | | | |
| VG | | | | | | | | |
| Alle Gerichte | | | | | | | | |

Personalgemeinkosten

Neben den direkt erfaßten Personalkosten entstehen indirekte Kosten; das sind die Kosten der allgemeinen Verwaltung, die mit der Betreuung des Personals zusammenhängen:

- Kosten von Personalabteilungen in Gerichten (bei zentraler Besoldung: Landesämter) z.B. Führen von Personaldateien (Besoldung, Krankheit, Urlaub etc.), Berechnung und Anweisung von Bezügen, Vergütungen, Beihilfen, Reisekosten, Entschädigungen usw.
- Kosten der Vorgesetztenfunktionen zur Leitung, Koordinierung und Kontrolle des Personaleinsatzes.

Über diese indirekten Kosten gab es keine auswertbaren Unterlagen oder für den Justizdienst zutreffende Schlüsselzahlen. Ihre Ermittlung hätte einen nicht vertretbaren Aufwand erfordert. Daher wurde der Summe aller Personalkosten ein aus der Literatur entnommener Erfahrungssatz in Höhe von 5% zugeschlagen.[24)]

### 4.3.3 Sachkosten

Die Analyse der Sachkosten beruht zu einem großen Teil auf den bei den Gerichten erhobenen Daten. Bei einigen Kostenarten wurden vereinfacht pauschalierte Wertansätze oder Richtkostensätze herangezogen. Ihr relativ kleiner Anteil an den Gesamtkosten rechtfertigt keinen größeren Erfassungsaufwand.

---

[24)] Vgl. hierzu: Senat der Freien und Hansestadt Hamburg, Senatsamt für den Verwaltungsdienst-Organisationsamt, Kostenrechnung und Wirtschaftlichkeitsberechnung - Richtlinien für die hamburgische Verwaltung, Mai 1969, S. 23 und 24
Kommunale Gemeinschaftsstelle für Verwaltungsvereinfachung (KGSt), Kosten eines Arbeitsplatzes, Berichte 7/73 (S. 5 und 6), 5/76 (S. 6 und 7).

Im folgenden wird die Ermittlung der Sachkosten, nach Kostenarten getrennt, erläutert.

Übersicht der berücksichtigten Kostenarten:

Gruppe: Materialverbrauch, Versand, Maschineneinsatz

- Vordrucke
- Bürokleinmaterial
- Versendungskosten
- Schreib- und Rechenmaschinen
- Buchungs- und Schaltermaschinen

Gruppe: Unterbringung

- Büroausstattung
- Reinigung
- Energie
- Bauliche Unterbringung

Vordrucke

Quelle für das Mengengerüst war die Erhebung über das Datenvolumen der Kostenrechnungen und Geldstrafenvollstreckung. Es gibt eine große Zahl verschiedenartiger amtlicher Vordrucke und die vielfach bei Urschriften verwendeten speziell aufbereiteten Hausvordrucke.

Da die amtlich genehmigten Vordrucke zentral beschafft wurden, lag eine Preisliste des Verlages vor. Die Herstellung der Hausvordrucke erfolgt in der Regel auf Offsetdruckmaschinen, mit denen größere Gerichte ausgestattet sind. Hierfür wurde ein Durchschnittspreis ermittelt.

Bürokleinmaterial

Grundlage zur Kostenermittlung war die Gesamtzahl der errechneten Stellen. Durch eine Stichprobe wurden die Durchschnittsjahreskosten für einen Bediensteten ermittelt.

Versendungskosten

Die Versendungskosten bildeten einen beachtlichen Anteil an den Sachkosten. Ermittlungsbasis war das erfaßte Datenvolumen. Die gefertigten Kostenrechnungen etc. werden mit der Post an alle zahlungspflichtigen Verfahrensbeteiligten versandt. Die Versendungskosten setzen sich aus Verpackungs- (Briefumschläge) und Portokosten zusammen.

Schreib- und Rechenmaschinen

Bei der zur Feststellung des Personaleinsatzes durchgeführten Erhebung wurde auch nach der Inanspruchnahme von Büromaschinen gefragt. Außer in Kanzleien gibt es sie in vielen der anderen Funktionsbereiche.

Kostenbestandteile sind hier: Abschreibungen (Berücksichtigung von Nutzungsdauer, Anschaffungs- bzw. Wiederbeschaffungskosten, Restwert) und insbesondere auch die Wartungskosten. Die Kosten für das in den Maschinen gebundene Kapital (Zinsen) wurden nicht berücksichtigt, da Fremdkapital nicht eingesetzt und eine Eigenkapitalverzinsung nicht angestrebt wurde.

Buchungs- und Schaltermaschinen

Gerichtskassen und -zahlstellen sind mit Hauptbuchungs-, Sollstellungs- und Schalterquittungsmaschinen ausgestattet. Die Maschinen wurden zentral beschafft.
In diesem Falle handelte es sich um z.T. bis zu 20 Jahre alte Maschinen, so daß hier den Abschreibungen ein Wiederbeschaffungswert zugrundegelegt wurde.

Büroausstattung

Die Kostenermittlung für die Büroausstattung basiert auf errechneten Stellen[25]. Die jährlichen Kosten setzen sich aus Abschreibungen

---

[25] Vgl. hierzu Seite 28.

(Nutzungsdauer 20 Jahre) und Instandhaltungen zusammen. Kapitalkosten wurden nicht berücksichtigt. Den Anschaffungskosten für die Büroausstattung (Mobilar) lagen Richtpreise zugrunde. Wie allgemein im öffentlichen Dienst, waren sie nach bestimmten Standards je Laufbahngruppe gestaffelt.

Reinigung

In der Erhebung wurden von den befragten Gerichten für jedes Gebäude die wöchentlichen Putzstunden angegeben. Es war weiter bekannt bzw. wurde errechnet die Gesamtbürofläche und die durch Tätigkeiten im Kostenwesen etc. jeweils genutzte Bürofläche. Die Kosten einer Putzstunde wurden aus den anteiligen Lohn-, Material- und Gerätekosten ermittelt.

Energie

Die Energiekosten wurden getrennt für Strom und Heizung ermittelt. Von den in der Erhebung befragten hausverwaltenden Gerichten wurden die Strom- und Heizungskosten des letzten verflossenen Jahres mitgeteilt. Daraus wurden die auf die Bereiche des Kosten- und Kassenwesens und der Geldstrafenvollstreckung entfallenden Anteile berechnet. Schlüssel zur Aufteilung waren die in Anspruch genommenen Büroflächen gemessen an der Gesamtbürofläche. Kostenanteile für Verkehrsflächen wurden vorher ausgesondert.

Bauliche Unterbringung

Die Kosten der baulichen Unterbringung setzen sich aus Anteilen für die Nutzung (Miete) und Instandhaltung zusammen.

a) Kalkulatorische Miete

Die Kosten der baulichen Nutzung lassen sich nicht exakt ermitteln. Von den landeseigenen Gebäuden ist lediglich der Friedensneubauwert bekannt. Er gibt keinen Aufschluß über die Kosten der baulichen Unterbringung. Die landeseigenen Gebäude weisen ein sehr unterschiedliches Alter auf, sie wurden mit Haushaltsmitteln eigenfinanziert, Abschreibungen werden nicht vorgenommen, Zinsen für Fremdkapital fallen nicht an. Man ist daher gezwungen, mit Hilfsmitteln zu arbeiten. Ein solches Mittel ist die Errechnung einer kalkulatorischen Miete.

Eine Reihe von Gerichten in NW haben Räumlichkeiten außerhalb der landeseigenen Gerichtsgebäude angemietet. Die Fläche und der Mietpreis dieser Anmietungen waren aus der Erhebung bekannt. Daraus wurden die DM/$m^2$-Preise ermittelt und für NW-gesamt ein durchschnittlicher DM/$m^2$-Preis[26)] errechnet. Dieser durchschnittliche Preis sind die kalkulatorischen Mietkosten, mit denen auch die landeseigenen Flächen bewertet wurden.

Wenn man davon ausgeht, daß alle Gerichtsgebäude räumlich bis zu ihrer Kapazitätsgrenze ausgelastet sind und eine Reihe von Gerichten ihr Personal auswärtig unterbringen müssen, kann man annehmen, daß mit wachsendem Arbeitsanfall weitere Anmietungen (oder Neubauten) erfolgen. Durch die Automatisierung des Kosten- und Kassenwesens wird Personal freigesetzt, das wachsenden Arbeitsanfall auf anderen Arbeitsgebieten übernehmen kann. Es wird also Anmietungskapazität eingespart. Das begründet den Ansatz kalkulatorischer Mietpreise auf der Grundlage von Anmietungswerten.

Obwohl es sich bei den vorstehenden Überlegungen um eine Grenzkostenbetrachtung handelt, wurden bei der Ermittlung der Kosten der baulichen Unterbringung alle vom Kosten- und -kassenwesen in Anpruch genommenen landeseigenen Flächen mit diesem kalkulatorischen Satz bewertet. Gründe dafür sind erstens, die Sachkosten voll auszuweisen, zweitens wird so sichergestellt, daß beim Kostenvergleich zwischen dem bestehenden und dem automatisierten Verfahren eine monetär ausdrückbare und realistische Differenz erzielt wird.

---

26) Durchschnitt der mit den jeweiligen Flächen gewichteten Einzelpreise.

b) Instandhaltungspauschale

Für größere Instandhaltungsarbeiten an Dienstgrundstücken, -gebäuden und -räumen werden den Gerichten und Staatsanwaltschaften Mittel bereitgestellt. Ein Teil dieser Mittel wird den hausverwaltenden Gerichten nach einem Schlüssel (Prozentsatz vom Friedensneubauwert bzw. Betrag je $m^2$ angemietete Fläche) zugewiesen. Ein anderer Teil wird gezielt vergeben. Die nach dem Schlüsselsystem vergebenden Beträge wurden als "Instandhaltungspauschale" in die Sachkosten übernommen.

## 4.4 Ermittlung der Kosten des automatisierten Verfahrens

### 4.4.1 Entwicklungs- und Investitionskosten

Entwicklungs- und Investitionskosten werden hier unter dem Begriff "Vorkosten" zusammengefaßt. Es handelt sich dabei um alle Kosten, die zur Vorbereitung des automatisierten Verfahrens angefallen sind oder noch anfallen. Sie entstehen einmalig und gehören nicht zu den Kosten, die später im laufenden Betrieb des automatisierten Verfahrens anfallen. Sie sind in diesem Sinne als Investitionskosten anzusehen, die sich während eines längeren Zeitraumes der Nutzungsdauer des Verfahrens amortisieren müssen (d.h. abgeschrieben werden).[27] Alle Kosten, die vor der offiziellen Einführung des automatisierten Verfahrens in NW oder Teilen von NW anfallen, sind Vorkosten.

Folgende Teilbereiche sind den Vorkosten zuzurechnen:
- Systemanalyse, Systementwurf;
- Programmierung, Testen der Programme;
- Erprobungsphase (praktischer Versuch);
- Organisatorische Umstellungsmaßnahmen zur Einführung des automatisierten Verfahrens (neuer Arbeitsablauf) und Training der mit dem neuen System arbeitenden Mitarbeiter;
- Anschaffungs- und Installationskosten für die Datenerfassung;
- Inanspruchnahme von Fremdleistungen.

#### 4.4.1.1 Entwicklungskosten

(1) Personalkosten

Als Vorkosten war für folgende Bereiche Personalkosten zu ermitteln:
- Verfahrensentwicklung und -erprobung,
- Datenerfassung während der Erprobungsphase,
- Einsatz von Justizbediensteten während der Erprobung,
- Kosten der Verfahrensumstellung.

[27] Vgl. hierzu auch Seite 41 f.

Für die Verfahrensentwicklung und -erprobung (Systementwurf, Programmierung, Test) lagen Angaben über Zeiten und Besoldungsdaten der beteiligten Mitarbeiter vor. Das gleiche gilt für die während der Erprobung eingesetzten Datenerfassungskräfte.

In den praktischen Versuch waren auch Bedienstete des AG, LG und der StA Düsseldorf einbezogen. Insoweit hier ein zusätzlicher Zeitaufwand entstanden ist, wurde er durch die vom automatisierten Verfahren gewährten Arbeitserleichterungen wieder ausgeglichen. Es wurden keine Kosten angesetzt.

Bei der Umstellung des bestehenden Verfahrens wird eine Unterrichtung der betreffenden Mitarbeiter zur Handhabung von Organisationsmitteln und eine Einweisung in die neuen Organisationsabläufe notwendig sein. Der hierfür benötigte Zeitaufwand bei den Betroffenen wurde bei den Personalkosten berücksichtigt. Die Berechnung erfolgte hier nicht auf der Grundlage errechneter Stellen, sondern es wurde die reale Zahl der mit den umzustellenden Aufgaben betrauten Mitarbeiter zugrundegelegt.

Die Ermittlung der Personalkostenfaktoren für die verschiedenen Jahre erfolgte analog der auf Seite 28 beschriebenen Methode.

(2) Sachkosten

An Sachkosten sind zu berücksichtigen:
- Personalabhängige Sachkosten.
  Das sind Kostenarten wie: Miete, Instandhaltung, Energie, Reinigung, Büroausstattung, Büromaschinen, Kleinmaterial, und
- DV-abhängige Sachkosten.
  Hierzu gehören die Inanspruchnahme des Rechenzentrums der Finanzverwaltung NW und entsprechende Kosten im Justizbereich.

Zu den personalabhängigen Kosten gehören in erster Linie die Unterbringungskosten der an der Verfahrensentwicklung beteiligten Mitarbeiter. Sie wurden wie die entsprechenden Kosten im bestehenden Verfahren ermittelt.[28] Bei den Kosten für die Büroausstattung etc. wurden Pauschalpreise angenommen.

---
[28] Vgl. Seite 32 ff.

Die DV-abhängigen Sachkosten umfassen alle durch die Programmierung, die Programmtests und durch die Verfahrenserprobung verursachten Sachkosten. Auch wenn solche Leistungen von dritter Seite unentgeltlich gewährt wurden, wurden die entstandenen Kosten, dem Verursachungsprinzip gemäß, hier berücksichtigt.

Wenn Kosten nachträglich nicht feststellbar oder nur schwer zu ermitteln waren, wurden realistische Schätzwerte angesetzt. Das der Ermittlung der Sachkosten zugrundeliegende Mengengerüst wurde von der Arbeitsgruppe Automation des Kostenwesens beim Amtsgericht in Düsseldorf zusammengestellt. Die Rechenzeiten (TR 440) wurden mit den vom Rechenzentrum der Finanzverwaltung ermittelten kalkulatorischen Verrechnungspreis pro Stunde Rechnerkernzeit bewertet.

Die Kosten im Justizbereich umfassen im wesentlichen die Einrichtung einer Datenstation im Amtsgericht Düsseldorf. Hier fallen Abschreibungen, Wartungs- und Materialkosten und die Kosten der Datenfernübertragung an.

#### 4.4.1.2. Investitionskosten

Die Investitionen zur Einrichtung eines Datenerfassungssystems für das automatisierte Verfahren bildeten einen Hauptteil (etwa die Hälfte) der Vorkosten und wurden zusammen mit diesen abgeschrieben.[29] Die Kosten der Aufstellung (Installation, evtl. notwendige bauliche Änderungen) gehören mit zu den Anschaffungskosten und wurden, da im einzelnen nicht bekannt, als Pauschale zugeschlagen. Wartung, Bedienungspersonal und Unterbringungskosten rechnen zu den laufenden Betriebskosten des automatisierten Verfahrens.

Es sind drei Organisationsformen der Datenerfassung denkbar:
- Zentrale DE an einem Ort mit mehreren und großen Sammelsystemen.
- Regionale DE, z.B. nur an Landgerichten.

[29] Vgl. dazu Seite 41 f.

- Dezentrale DE. Hier kommen an Gerichtsorten mit einem Anfall größerer Datenmengen Sammelsysteme zum Einsatz, für Eingabemengen geringeren Umfangs, Einzelerfassungsplätze. Gerichte, deren Datenanfall keine eigene Erfassung rechtfertigt, übersenden ihre Eingabedaten an die nächstliegende Erfassungsstelle.

Der Ermittlung der Investitionskosten wurde die dezentrale Organisation der Datenerfassung zugrundegelegt. Sie ist zwar die teuerste Alternative, hat aber eine Reihe von Vorteilen: Die Dateieingabeformulare bleiben im Gericht und können gleich nach der Eingabe wieder zur Sachakte abgeheftet werden. Schreib-/Lesefehler, als Hauptfehlerquelle, können gleich durch Rücksprache geklärt werden. Das gleiche gilt für durch Plausibilitätskontrollen festgestellte Sachfehler. In der Regel ist dann die Sachakte noch am Platz des Kostenbeamten und braucht nicht neu beschafft zu werden.

Vergleichsweise wurden die überschlägigen Investitionskosten der regionalen und zentralen Lösung ebenfalls aufgeführt, jedoch beim Kostenvergleich bestehendes/automatisiertes Verfahren nicht berücksichtigt.

Als Grundlage für das Mengengerüst lag ein Organisationskonzept vor, aus dem die Zahl der erforderlichen Datenerfassungsplätze und deren Auslastung aufgrund des in den Gerichten, Staatsanwaltschaften und Gerichtskassen anfallenden Datenvolumens hervorging. Zur Bestimmung der Kostenfaktoren wurde für Datensammelsysteme und Einzelerfassungsplätze ein mittlerer Preis aus den Angebotsunterlagen dreier Hersteller ermittelt.

#### 4.4.1.3 Zusammenstellung der Vorkosten und ihre Behandlung im Kostenvergleich

Die ermittelten Vorkosten wurden nach ihrem zeitlichen Anfall, aufgeteilt nach Kalenderjahrperioden, in einer Tabelle zusammengestellt. Dabei wurden die durch die Entwicklung und praktische Erprobung des automatisierten Verfahrens im Laufe der Jahre angefallenen Kosten wie

Investitionskosten betrachtet. Da es sich hier um eine bedeutende Kapitalbindung handelte, sollten die Vorkosten in angemessener Höhe verzinst werden.

Bei der Berechnung der Kapitalbasis einer Investition muß der zeitliche Anfall der Ausgaben berücksichtigt werden. Es ist also notwendig, alle Ausgaben, die vor der Inbetriebnahme der Investition liegen, auf den Zeitpunkt der Inbetriebnahme aufzuzinsen. So wurden in unserem Fall alle im Laufe der Entwicklungs- und Erprobungszeit angefallenen Kosten auf den Zeitpunkt der in Aussicht genommenen Umstellung des Verfahrens verzinst. Dabei wurde unterstellt, daß die Kosten eines Rechnungsjahres jeweils in einer Summe am Ende des Jahres angefallen sind.

Da in unserem Falle keine dynamische Investitionsrechnung durchgeführt werden konnte, die die Gesamtwirtschaftlichkeit unter Berücksichtigung aller Einnahmen- und Ausgabenströme während der gesamten Nutzung einer Investition betrachtet[30)], mußten die Vorkosten über einen angemessenen Zeitraum verteilt, d.h. abgeschrieben werden. Die Höhe der Abschreibungsrate hängt von dem Zeitraum ab, in dem sich die vorab angefallenen Kosten "amortisieren" sollen. Es wurde ein Zeitraum von 10 Jahren zugrundegelegt, so daß ein Anteil von 10% in die laufenden Betriebskosten des Vergleichsjahres einfließt.[31)]

### 4.4.2 Die Betriebskosten des automatisierten Verfahrens

Zum Vergleich mit den Kosten des bestehenden Verfahrens mußten die Kosten des automatisierten Verfahrens für ein Rechnungsjahr ermittelt bzw. prognostiziert werden. Die Analyse wurde durch die Erprobung des automatisierten Verfahrens bei dem AG, LG und der StA Düsseldorf erleichtert.

---

[30)] Vgl. hierzu die Ausführungen unter Ziffer 2.1.2 (S. 9 ff.).

[31)] Siehe Seite 54.

Folgende Kostenbereiche waren zu berücksichtigen:

- Entwicklungs- und Investitionskosten mit einer Abschreibungsrate, wie bereits beschrieben.
- Personalkosten. Dieser Komplex bedurfte einer sorgfältigen Untersuchung. Insbesondere mußte festgestellt werden, inwieweit sich die Personalkosten des bestehenden Verfahrens, die ca. 90% der Gesamtkosten ausmachen, reduzieren. Hinzu kommen die speziell durch die Automation verursachten Personalkosten.
- Sachkosten. Auch sie weisen im automatisierten Verfahren eine gegenüber bisher veränderte Struktur auf.

### 4.4.2.1 Aus dem bestehenden Verfahren verbleibende Personalkosten

Um den voraussichtlichen Personalbedarf im automatisierten Verfahren festzustellen, mußte zunächst untersucht werden, in welchem Umfang eine Entlastung in den einzelnen Funktionsbereichen eintritt. Die Ergebnisse wurden durch kontrollierte Tests, Arbeitsplatzanalysen, Befragungen oder deduktiv ermittelt und in Form einzusparender errechneter Stellen ausgewiesen.

Die Untersuchungen hierzu und ihre Beschreibung waren sehr umfangreich. Es würde hier den Rahmen sprengen, alle Details der Analyse zu schildern, die naturgemäß sehr fachspezifisch ausgerichtet war. Es soll vielmehr versucht werden, im Prinzip die Vorgehensweise aufzuzeigen, mit der bei den einzelnen Funktionsgruppen die Auswirkungen ermittelt wurden.

#### (1) Die Auswirkugnen der Automatisierung auf die Beamten und Angestellten mit Kostenbeamtentätigkeit

Im automatisierten Verfahren entfallen für die Kostenbeamten eine Reihe von Schreib- und Rechenvorgängen. Anstelle von Kostenrechnungsurschriften, für die Tabellen zu benutzen und in denen Texte einzutragen und verschiedene Rechenvorgänge vorzunehmen waren, treten Dateneingabeformulare, in die, außer der Anschrift der Kostenschuldner, nur noch Streitwert bzw. Geschäftswert und Kostennummern einzutragen und bestimmte vorbereitete Felder anzukreuzen sind.

Zur Feststellung des Umfangs der Entlastung der Kostenbeamten durch das automatisierte Verfahren wurde beim LG, AG und bei der StA Düsseldorf, die das automatisierte Verfahren bereits probeweise anwendeten, eine Untersuchung durchgeführt. Die dazu erforderlichen Beobachtungen und Zeitaufschreibungen erfolgten durch eine Mitarbeiterin der GMD und je einen Bezirksrevisor des AG und des LG Düsseldorf.

Die Messung der Kostenersparnis bei der Kostenfestsetzung wurde in folgender Weise durchgeführt:

Im Amtsgericht Düsseldorf wurde ein Arbeitsraum für die Kostenbeamten eingerichtet. Auf diese Weise wurden externe Einflüsse, die ein ungestörtes Arbeiten behindern könnten, ausgeschaltet:

- Mehrere Geschäftsstellen versorgten die Kostenbeamten mit Akten (Zivil- und Strafsachen) aus dem laufenden Geschäftsanfall.
- Es wurde keine Auswahl oder zahlenmäßige Beschränkung vorgenommen.
- Ein Kostenbeamter bearbeitete jeweils soviele Kostensachen nach dem alten Verfahren, wie in ungefähr 1 Stunde geschafft werden konnte.
- Die bearbeiteten Akten wurden zu einem "Paket" zusammengefaßt.
- Die aufgewendete Zeit zur Bearbeitung eines Paketes wurde genau festgehalten.
- Die gefertigten Kostenrechnungen wurden entnommen.
- Von einem zweiten Kostenbeamten wurde das gleiche Paket an Akten[32] nach dem neuen Verfahren bearbeitet und die Zeit dafür festgehalten. Auf diese Weise sollte verhindert werden, daß ein Kostenbeamter dieselben Akten nach beiden Verfahren bearbeitet und damit durch die unbewußte Verwendung von Gedächtnisinhalten der Zeitaufwand beeinflußt würde.
- Insgesamt wurden 10 Kostenbeamte in Zivilsachen und 10 Kostenbeamte in Strafsachen ausgewählt, die jeweils einmal ein Paket nach dem alten Verfahren und einmal eines nach dem neuen Verfahren bearbeitete

[32] Dieses "Paket" war für den Bearbeiter nicht erkennbar. Es wurden weitere Akten hinzugefügt. Die Beobachter erfaßten aber nur die Zeit zur Bearbeitung des für sie erkennbaren Paketes.

- Um allzugroße Unterschiede in Erfahrung und Qualifikation auszugleichen, sollte nach Möglichkeit der Leistungsgrad der beteiligten Kostenbeamten geschätzt werden.
- Die Bearbeitungszeiten für jedes Paket wurden in den Erhebungsbogen eingetragen.
- Zusätzlich wurde jedes bearbeitete Aktenpaket nach folgenden Gesichtspunkten ausgewertet:
  - Anzahl der bearbeiteten Akten,
  - Anzahl der Seiten,
  - Anzahl der erstellten Kostenrechnungen,
  - Anzahl der Kostenrechnungs-Positionen,
  - Anzahl der durchzuführenden Rechenoperationen.

Dadurch sollten neben der Zeiterfassung weitere Anhaltspunkte zur Leistungsbeurteilung aufgezeigt werden.

Zur Klärung von Unterschieden in der Bearbeitung verschiedener Sachgebiete wurde außerdem in Stichproben der Schreibaufwand an Zeichen für Kostenrechnungsurschriften nach dem alten Verfahren und Dateneingabeformularen nach dem neuen Verfahren ausgezählt.

Die Untersuchungen über die Arbeitsentlastung der Kostenbeamten ergaben einen entsprechend verringerten Personaleinsatz im automatisierten Verfahren. Die ausgewiesenen "errechneten Stellen" für Beamte und Angestellte mit Kostenbeamtentätigkeit im bestehenden Verfahren, wurden im automatisierten Verfahren entsprechend der prozentualen Einsparung an Arbeitszeit vermindert.

Das Problem der Realisierbarkeit rechnerischer Stelleneinsparungen trifft besonders auf den Personenkreis der Beamten und Angestellten mit Kostenbeamtentätigkeit zu, da ein großer Teil der betroffenen Mitarbeiter nur zu einem ganz geringen Prozentsatz ihrer Sachbearbeitertätigkeit mit dem Ansatz von Gerichtskosten beschäftigt ist. Aus diesem Grunde wurden Einsparungen bei einer ursprünglichen Arbeitsbelastung von unter 10% als nicht realisierbar betrachtet. Obwohl hier von der Personenzahl große Teile der mit Kostenbeamtentätigkeit betrauten Beamten und Angestellten betroffen sind, wirkt sich das bei den "errechneten Stellen", die der Personalkostenermittlung zugrundeliegen, nur geringfügig aus.[33)]

(2) Arbeitsentlastung der Bezirksrevisoren

Bei den Bezirksrevisoren tritt - mit Ausnahme der Schreibarbeiten - die gleiche Arbeitserleichterung wie bei den Kostenbeamten ein.

Im automatisierten Verfahren ist es nicht mehr notwendig, die richtige Übertragung aus den Gebührentabellen zu prüfen, ebenso entfällt die Kontrolle auf Rechenfehler. Außerdem sind die gedruckten Kostenrechnungskopien in den Akten besser lesbar als die bisher handschriftlichen Kostenrechnungsurschriften.

Als Meßgröße für die Arbeitsentlastung wurden, mit einem Abschlag, die bei den Kostenbeamten ermittelten Werte übernommen.

(3) Arbeitsentlastung der Strafvollstreckungsrechtspfleger

Im automatisierten Verfahren überwacht die DVA u.a. den Eingang von Ratenzahlungen und von voll eingeforderten Beträgen. Ausbleibende Zahlungen werden automatisch angemahnt.

Beim Strafvollstreckungsrechtspfleger[34)] entfällt damit

- Die Bearbeitung von Fristvorlagen bei Fristablauf ohne Zahlung und die Veranlassung einer Mahnung.
- Die Bearbeitung von Zahlungsanzeigen zur Feststellung des Eingangs von Ratenzahlungen (mit Ausnahme der letzten Rate).

Hierzu wurde bei drei Staatsanwaltschaften im Rahmen einer Erhebung, an der insgesamt 19 Strafvollstreckungsrechtspfleger beteiligt waren, der Zeitaufwand für die Bearbeitung dieser Vorgänge festgestellt. Mit Hilfe des bekannten Datenvolumens konnte die Ersparnis an Bruttoarbeitszeit ermittelt und zu "errechneten Stellen" umgerechnet werden.

---

33) 1357 Personen mit ≤ 10% Belastung = 49 Stellen.
1009 Personen mit > 10% Belastung = 326 Stellen.
Von den 326 Stellen werden durch die Automatisierung rechnerisch 76 Stellen eingespart.

34) Eine Übertragung auf den mittleren Dienst hatte im Zeitpunkt der nachstehend beschriebenen Untersuchung noch nicht stattgefunden.

(4) Arbeitsentlastung in den Geschäftsstellen der Vollstreckungsbehörden

Das automatisierte Verfahren wird im Bereich der Strafvollstreckung zu einer Verminderung des Aktenumlaufs bei den Geschäftsstellen der Vollstreckungsbehörden führen. Im Zuge der Vollstreckung eines Geldbetrages im Sinne von §1 EBAO werden weniger Posteingänge unterzubringen, weniger Akten wegen Fristablauf dem Sachbearbeiter vorzulegen und danach der Kanzlei zuzuleiten sein. Entsprechend wird sich auch die Menge des in der Kanzlei zu fertigenden Schreibwerkes verringern, das nach Rücklauf der Akten zur Geschäftsstelle dort abzunehmen und abzusenden ist. Diese Arbeitsvorgänge machen jeweils Aktenbewegungen notwendig, deren Anzahl als Bemessungsgrundlage dient.

Entsprechend den Erhebungen zum Datenvolumen wurde ein Mengengerüst aufgestellt, auf dem die in die Rechnung einfließenden Fallzahlen basieren. Über den Zeitaufwand für eine Aktenbewegung lagen keine differenzierten Angaben aus der Praxis vor. Es wurde daher der für eine Aktenbewegung erforderliche Zeitaufwand unter Vernachlässigung nicht sehr erheblicher Unterschiede, die sich ausgleichen dürften, einheitlich bewertet. Als Erfahrungswert für das Ziehen oder Ablegen einer Akte wurden als Bruttoarbeitszeit[35] 1 Minute zugrundegelegt, was wohl den Rahmen einer vorsichtigen Schätzung von Arbeitszeiteinsparungen nicht verläßt. Die auf diese Weise ermittelte Zeiteinsparung wurde rechnerisch in Stellen umgewandelt.

(5) Arbeitsentlastung in den Gerichtskassen

Im automatisierten Verfahren der Kosteneinziehung werden alle personenbezogenen (Schuldner) Konten in der DV-Anlage des Rechenzentrums geführt, das heißt:

- Zahlungseingänge werden automatisch zugeordnet und verbucht,
- Fristen werden automatisch überwacht,
- es wird automatisch gemahnt,

[35] Also einschließlich der Zeiten für nichtdienstliche Verrichtungen.

- Rückstände werden der Kasse zur Weiterbearbeitung (Eintreibung) angezeigt.
- Bei Bedarf werden Zahlungs- und Änderungsmitteilungen ausgegeben.
- Der Zahlungseingang wird im Wege des Datenträgeraustausches mit der Post bzw. Landeszentralbank der DVA direkt eingegeben. Für die nicht auf diesem Wege verbuchten Zahlungen ist eine Datenerfassung bei den Kassen weiterhin erforderlich.

Durch die Einbeziehung dieser Vorgänge in das automatisierte Verfahren der Kosteneinziehung werden vor allem Buchhaltertätigkeiten, soweit sie nicht in der Führung von Kassenakten (z.B. Genehmigung von Zahlungserleichterungen, Einleitung von Vollstreckungen) bestehen, entfallen. Das gleiche gilt für Arbeitsplätze mit vorwiegender Sortier- und Abstimmungstätigkeit. Tätigkeiten Auf der Entscheidungsebene erfahren zwar eine Umstellung im Arbeitsablauf, aber kaum eine Arbeitsentlastung.

Bei der Gerichtskasse in Düsseldorf bestand die Möglichkeit, die Arbeitsabläufe im bisher praktizierten Verfahren zu untersuchen. In Zusammenarbeit mit dem Kassenleiter und dem Kassenprüfungsbeamten beim OLG Düsseldorf wurde eine Analyse des Datenflusses und der Arbeitsabläufe durchgeführt. Auf dieser Grundlage wurden exemplarisch bei jeweils einigen der betroffenen Arbeitsplätze die Mitarbeiter besucht und ein Zeit- und Mengengerüst für den Arbeitsbereich ermittelt. Dies geschah entweder durch beobachtende Teilnahme oder Interview.

Die Ergebnisse in der Gerichtskasse Düsseldorf konnten als repräsentativ angesehen werden, da in allen Gerichtskassen des Landes nach dem gleichen Verfahren, der Justizkassenordnung, gearbeitet wird. Damit konnten die Werte, nach einigen Bereinigungen, auf alle mit der Kosteneinziehung befaßten Kassenbediensteten übertragen werden.

### (6) Arbeitsentlastung in den Gerichtszahlstellen

Im automatisierten Verfahren der Kosteneinziehung werden die Gerichtszahlstellen von unbaren Einzahlungen der Schuldner entlastet, da solche Zahlungen nur noch über die Postscheck- bzw. LZB-Konten der Gerichtskassen möglich sein werden.

Um einen Anhaltspunkt über den baren und unbaren Geschäftsanfall in den Gerichtszahlstellen zu bekommen, wurden bei den Zahlstellen von 10 ausgewählten Amtsgerichten 1 Monat lang Aufschreibungen über die Zahl der baren und unbaren Geschäftsvorfälle vorgenommen.

Jeder bare oder unbare Zahlungsvorgang verursachte in der Gerichtszahlstelle nahezu den gleichen Arbeitsaufwand. Demnach konnte der Anteil des entfallenden unbaren Zahlungsverkehrs (unter Berücksichtigung der Abrechnungsarbeiten mit der Gerichtskasse) Grundlage für die Ermittlung der Arbeitsentlastung sein.

Auf den ersten Blick scheint eine Einsparung bei den vielen Amtsgerichten mittlerer und kleinerer Größe, wo Zahlstellen nur mit Personalstellen-Bruchteilen besetzt sind, schwer realisierbar. Die Tatsache aber, daß Verwalter von Gerichtszahlstellen auch jetzt schon mit anderen Aufgaben betraut sind, begünstigt eher eine solche Realisierung dadurch, daß das Pensum dieses zweiten Aufgabenbereiches - wenn möglich - ohne große Umstellungsschwierigkeiten erweitert werden kann.

(7) Arbeitsentlastung in den Gerichtskanzleien

Die gesamte bisher für das Schreiben von Sollstellungen, Kostennachrichten, Rückerstattungen, Mahnungen und Vollstreckungsaufträgen eingesetzte Schreibkapazität wird durch die Automatisierung entbehrlich. Es entfallen alle für das bestehende Verfahren errechneten Kanzleistellen.

#### 4.4.2.2 Durch die Automatisierung verursachte Personalkosten

Durch die Automatisierung wird Personal für die neuen Arbeitsgebiete Datenerfassung und Programmpflege benötigt.

(1) Datenerfassung

Grundlage für die Ermittlung des Personalbedarfs war die bereits aus der Berechnung der Investitionskosten bekannte Zahl der Datenerfassungsplätze, für die auch die jeweilige Auslastung bekannt war.[36] Betrug die Kapazitätsauslastung eines Datenerfassungsplatzes

- 50% oder weniger, wurde 1/2 Datentypistinnenstelle,
- lag die Auslastung über 50%, wurde eine volle Stelle angesetzt.

Bezüglich der Altersstruktur und der Vergütung der Datentypistinnen wurde von den für die Kanzleikräfte ermittelten Kostenfaktoren ausgegangen. Hierbei wurde aus Vereinfachungsgründen unterstellt, daß die Datentypistinnen die gleiche Vergütung wie Schreibkräfte erhalten.

(2) Programmpflege

Das für die Kostenberechnung, -einziehung und für die Geldstrafenvollstreckung eingesetzte Programmsystem bedarf der ständigen Pflege und Wartung durch einen qualifizierten Fachmann. Hierzu wurde eine Stelle des gehobenen Dienstes angesetzt.

#### 4.4.2.3 Sachkosten

Den Veränderungen im Personalbereich entsprechend[37], ändert sich auch ein Teil der Sachkosten im automatisierten Verfahren. In Einzelfällen wurden dabei Modifikationen vorgenommen, die aber hier nicht weiter erörtert werden sollen.

Zu diesen Sachkosten gehören die Kostenarten:

- Büromaterial
- Büromaschinen

---

[36] Vgl. dazu Seite 40 f.

[37] In der Regel Stelleneinsparungen, aber auch durch das automatisierte Verfahren bewirkte Personalzuwächse für Datenerfassung und Programmpflege.

- Kosten der Unterbringung
  wie Büroausstattung
  Reinigung
  Energie
  kalk. Miete
  Instandhaltung

Einzelne Kostenarten mußten entsprechend den Erfordernissen des automatisierten Verfahrens neu berechnet werden:

Die im bestehenden Verfahren verwendeten Vordrucke entfallen vollständig. Das Vordruckwesen wurde im automatisierten Verfahren neu geregelt. Es traten nicht nur Änderungen bei der Gestaltung ein, sondern es entstanden auch ganz neue Vordruckarten. Auf der Basis der geplanten Vorgänge wurden die Kosten neu berechnet.

Die Versendungskosten haben sich in Struktur und Umfang geändert. Im automatisierten Verfahren erfolgt die Verarbeitung der Daten zentral in einem Rechenzentrum. Der Transport der Daten erfolgt auf dem Postweg. Dabei existieren im wesentlichen 3 Transportwege:
- von den Erfassungsstellen bei den Gerichten zum RZ,
- vom Rechenzentrum zu den Gerichten,
- vom RZ zu den Kosten- und Geldstrafenschuldnern.

Aufgrund der ermittelten Mengen, Versandarten, Verpackungen und Gebühren wurden die Kosten berechnet.

Die Aufgaben für die verschiedenen Arten von Buchungsmaschinen in den Gerichtskassen entfallen. Lediglich für die Hauptbuchungsmaschinen gibt es im automatisierten Verfahren noch bestimmte Buchungsaufgaben. An ihre Stelle treten elektronische Registrierkassen, die gleichzeitig Buchungen auf Magnetbandkassetten aufzeichnen. Die Quittungsmaschinen der zahlreichen Gerichtszahlstellen werden aus Gründen der Kassensicherheit auch in Zukunft benötigt. Für die neuen Maschinen wurde- entsprechende Abschreibungsraten in die Sachkosten übernommen.

Als neue Sachkostenarten traten in Erscheinung:

Wartungskosten der Datenerfassungsinstallationen, da beim Kauf die Wartung aufgrund vertraglicher Vereinbarungen durchgeführt und besonders berechnet wird.

Inanspruchnahme von Leistungen des Rechenzentrums

Zu den Kosten der Datenverarbeitung gehören alle Leistungen des Rechenzentrums von der Übernahme der zu verarbeitenden Daten bis zum Versand der Ergebnisse. Das sind im einzelnen die Aufbereitung der Eingabedaten, die Verarbeitung in der Zentraleinheit, der Speicherplatzbedarf, die Inanspruchnahme peripherer Geräte, das Betriebsmaterial, die Nachbearbeitung des Output sowie die Gemeinkosten des RZ.

Die Datenverarbeitung wird im Rechenzentrum der Finanzverwaltung des Landes Nordrhein-Westfalen auf einer DVA TR 440 durchgeführt. Im laufenden praktischen Versuch zur Erprobung des automatisierten Verfahrens sind die in Anspruch genommenen Leistungen des Systems TR 440 fortlaufend ermittelt worden.

Über die voraussichtlichen Rechenzeiten lag eine Studie des Justizministers NW vor. In ihr wurden die täglichen Verarbeitungszeiten der Haupt-, Hilfs- und Druckprogramme (Rechnerkernzeit pro Rechenlauf) ermittelt. Außerdem lag vom RZ der Finanzverwaltung ein kalkulatorischer Verrechnungspreis für die Inanspruchnahme des Systems TR 440 pro Stunde Rechnerkernzeit vor. In ihm waren die Kosten der Rechnerperipherie und die Gemeinkosten des Rechenzentrums enthalten. Mit diesen Voraussetzungen konnten die jährlichen Kosten der Inanspruchnahme von Leistungen des Rechenzentrums ermittelt werden.

## 4.5 Ergebnis und Aussagefähigkeit der Wirtschaftlichkeitsanalyse

### 4.5.1 Zum Ergebnis

Als Voraussetzung für einen Vergleich der Kosten des bestehenden Verfahrens mit den Kosten des automatisierten Verfahrens war es notwendig, alle Kosten auf eine gemeinsame Preisbasis zu stellen. Es wurde der Kostenstand des Jahres 1976 zugrunde gelegt und - bei unverändertem Mengengerüst - die für das bestehende Verfahren ermittelten Ksoten des Jahres 1974 entsprechend angehoben.

Das Ergebnis der Wirtschaftlichkeitsanalyse ist ein Vergleich der Kosten beider Verfahren nach dem auf der folgenden Seite dargestellten Schema. Dabei kommt es in diesem Zusammenhang nicht auf die dort stehenden Beträge an, sondern auf die Aussagen eines solchen Kostenvergleichs.

Gegenüberstellung der Kosten des besteh. u. d. automatis. Verfahrens

| Lfd. Nr. | Kostenart | Besteh. Verf.1976 TDM | Autom. Verf.1976 TDM | Differenz aut. - best. Verf. TDM | % |
|---|---|---|---|---|---|
| | Personalkosten | | | | |
| 1. | Kostenbeamtentätigkeit | 14.274 | 11.391 | - 2.883 | - 20,2 |
| 2. | Bezirksrevisoren | 1.194 | 1.051 | - 143 | - 12,0 |
| 3. | Strafvollstr.Rpfl. | 6.549 | 6.025 | - 524 | - 8,0 |
| 4. | VRs-Geschäftsst. | 4.467 | 3.779 | - 688 | - 15,4 |
| 5. | Gerichtskassen | 10.624 | 7.479 | - 3.145 | - 29,6 |
| 6. | Zahlstellen/ KM-Verkauf | 2.484 | 1.490 | - 994 | - 40,0 |
| 7. | Kanzleikräfte | 3.025 | - | - 3.025 | -100,0 |
| 8. | Datenerfassung | - | 1.739 | + 1.739 | +100,0 |
| 9. | Programmpflege | - | 50 | + 50 | +100,0 |
| 10. | Direkte Personalkosten | 42.617 | 33.004 | - 9.613 | - 22,6 |
| 11. | Personalgemeinkosten (5%) | 2.130 | 1.650 | - 480 | |
| 12. | Personalkost.(Su.) | 44.747 | 34.654 | -10.093 | - 22,6 |
| | Sachkosten | | | | |
| 13. | Vordrucke | 300 | 318 | + 18 | + 6,0 |
| 14. | Bürokleinmaterial | 19 | 14 | - 5 | - 26,3 |
| 15. | Versandkosten | 1.491 | 1.905 | + 414 | + 27,8 |
| 16. | Schreib- u.Rechenmaschinen | 126 | 38 | - 88 | - 70,0 |
| 17. | Buchungsmaschinen | 242 | 168 | - 74 | - 30,6 |
| 18. | Unterbringungskost. | 3.136 | 2.711 | - 425 | - 13,6 |
| 19. | Wartg.Datenerfass. | - | 174 | + 174 | +100,0 |
| 20. | Leistungen RZ | - | 2.560 | + 2.560 | +100,0 |
| 21. | Abschreib. Vorkost | - | 420 | + 420 | +100,0 |
| 22. | Sachkosten | 5.314 | 8.308 | + 2.994 | + 56,3 |
| 23. | Gesamtkosten (Zeilen 12 + 22) | 50.061 | 42.962 | - 7.099 | - 14,2 |

Aus der detaillierten Gliederung lassen sich leicht die Schwerpunkte der Kostenänderungen herauslesen und damit gleichzeitig jene Punkte bestimmen, denen bei der Realisierung besondere Aufmerksamkeit gewidmet werden muß. Im Bedarfsfalle lassen sich später aufgrund der genauen Analyse, auf der diese Werte basieren, relativ einfach Korrekturen durchführen bzw. die Auswirkungen solcher Korrekturen abschätzen.

Insbesondere fällt auf, welch unterschiedliches Gewicht den beiden Kostenblöcken der Personal- und Sachkosten zukommt. Im bestehenden Verfahren sind die Personalkosten mit einem Anteil von etwa 90% an den Gesamtkosten die bestimmende Größe. Durch die Automatisierung kann in einigen großen Bereichen eine fühlbare Entlastung bei den errechneten Stellen herbeigeführt werden. Das zusätzlich erforderliche Personal spielt in der Größenordnung der Kosten nur eine untergeordnete Rolle. So konnte rechnerisch unter dem Strich eine Personalkosteneinsparung von ca. 10 Mill. DM (= 20% der Gesamtkosten des bestehenden Verfahrens) erreicht werden, denen infolge der Automation eine merklich geringere Steigerung der Sachkosten um ca. 3 Mill. DM (= 6% der Gesamtkosten des bestehenden Verfahrens) gegenüberstehen. Damit sanken die Kosten des automatisierten Verfahrens um insgesamt 14% im Vergleich zum bestehenden Verfahren.

Die unterschiedliche Kostenstruktur beider Verfahren wird durch die nebenstehende graphische Darstellg. verdeutlicht. Das zeigt gleichzeitig, daß in der öffentlichen Verwaltung fühlbare monetäre Auswirkungen bei Automationsvorhaben vorwiegend auf dem Personalsektor zu erreichen sind. Aber gerade hier sind aus sozialen und dienstrechtlichen Gründen die Realisierungschancen besonders kritisch.

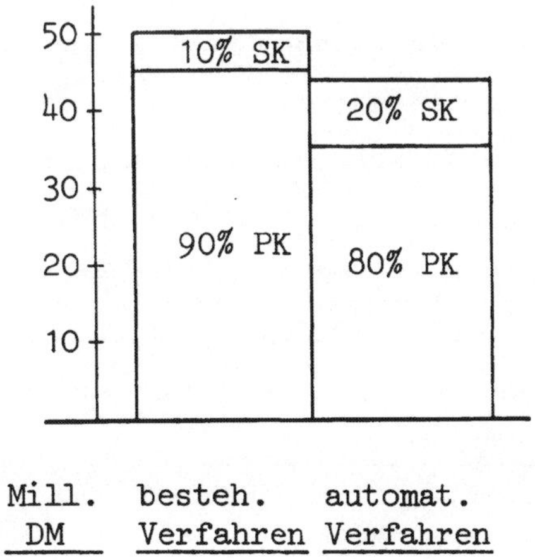


Sk = Sachkosten

Pk = Personalkosten

### 4.5.2 Zur Aussagefähigkeit

Die Kosten zweier Verfahren sind nur bei konstanter Leistung vergleichbar. Im vorliegenden Fall des gerichtlichen Kosten- und Kassenwesens kann festgestellt werden, daß der Leistungsumfang beider Verfahren ziemlich gleich ist. Es werden die gleichen Geschäfte abgewickelt, jedoch unter einer rationelleren Organisationsform und kostengünstiger. Während im Vergleich die kostenmäßigen Auswirkungen gezeigt werden, versucht die unabhängig vom Kostenvergleich durchgeführte Nutzen-Analyse[38] über die nicht monetär faßbaren Veränderungen Auskunft zu geben.

Beim Kostenvergleich handelt es sich um eine statische Betrachtungsweise, die nur eine Jahresrechnung umfaßt. Dabei wird unterstellt, daß das automatisierte Verfahren in ganz Nordrhein-Westfalen eingeführt ist und, wie geplant, reibungslos abläuft. Das Ergebnis des Kostenvergleiches kann also nicht ohne weiteres für die gesamte Nutzungsdauer des automatisierten Verfahrens generalisiert werden. Für ein solches Urteil über die Wirtschaftlichkeit des automatisierten Verfahrens ist der Kostenvergleich jedoch Grundlage und Voraussetzung.

Die dynamische Betrachtungsweise der Gesamtwirtschaftlichkeit bezieht die voraussichtliche Entwicklung eines Verfahrens während der gesamten Lebensdauer mit ein[39]. Die Berücksichtigung geschätzter Zukunftszahlen schließt aber auch zwangsläufig die allen Prognosen anhaftende große Unsicherheit ein. Eine Untersuchung der Gesamtwirtschaftlichkeit des automatisierten Verfahrens war nicht vorgesehen, da von vornherein feststand, daß die dazu notwendigen Daten nicht vorhanden und nicht beschaffbar waren.

---

38) Siehe dazu Seite 58 ff.

39) Einzelheiten zur dynamischen Investitionsrechnung vgl. Ziffern 2.1.2 (S. 9 ff.) und 5.3.2 (S. 82 ff.).

Folgende Größen hätten dazu bekannt sein müssen:

- Der Zeitpunkt des Verfahrensbeginns (Start).
- Die Bereiche (Funktionsbereiche/Gerichtsbezirke) und Zeitpunkte, in denen das Verfahren evtl. stufenweise eingeführt wird.
- Die Lebens(Nutzungs-)dauer des jetzt konzipierten Verfahrens bis zu einer eventuellen Ersatzinvestition (= neues Verfahren).
- Die Chancen der Realisierung der erwarteten Einsparungen zeitlich und größenordnungsmäßig.
- Prognose der Personal- und Sachkostenentwicklung in späteren Jahren.
- Umstrukturierungen des Verfahrensablaufes durch zukünftige organisatorische oder gesetzliche Erfordernisse.

Zum Schluß sei noch darauf hingewiesen, daß die Rechenergebnisse auf Erhebungen, Hochrechnungen, notwendigen Verallgemeinerungen oder auch begründeten Schätzungen beruhen. Es ergibt sich dabei zwangsläufig, daß die Ergebnisse mit einer nicht genau zu definierenden Ungenauigkeitstoleranz zu lesen sind. Bei der relativ detaillierten Untersuchung, wie sie im Kosten- und Kassenwesen angestellt wurde, werden aber die Größenordnungen nicht verschoben.

## 4.6 Nutzenanalyse

Im Ergebnis erbringen im Kosten- und Kassenwesen und in der Geldstrafenvollstreckung beide Verfahren die gleiche Leistung, daher ist die Ermittlung der (monetären) Wirtschaftlichkeit relativ aussagefähig. Neben Kostenänderungen treten aber auch z.T. erhebliche Änderungen im Verfahrensablauf ein, die sich als nicht rechenbare Größen nur schwer quantifizieren lassen. Sie sind jedoch als Beurteilungskriterien für eine Entscheidung über die Einführung des automatisierten Verfahrens von Bedeutung.

Zur übersichtlichen und relativ einfachen Aufbereitung des imponderablen Nutzens bot sich als Hilfsmittel die Multifaktorenrechnung an. Diese Methode enthält letztlich zwar auch subjektive Elemente, sie ist aber gegenüber einer rein verbalen Darstellung nachvollziehbar und kontrollierbar. Die Durchführung dieser Rechnung erfolgte in mehreren Arbeitsschritten:

### 4.6.1 Auswahl der Nutzenfaktoren

Es wurde ein Katalog imponderabler Kriterien (Faktoren) aufgestellt, die Besonderheiten (Vorteile und Nachteile) des zu beurteilenden neuen Verfahrens gegenüber dem bisherigen Verfahren darstellen. Die Zusammenstellung der Faktoren sollte möglichst vielseitig und umfassend sein, denn nur wenige oder ausgewählt günstige Faktoren ergeben ein falsches (subjektives) Bild. Es wurde darauf geachtet, daß nicht der gleiche Sachverhalt mehrfach mit ähnlichen Faktoren angesprochen wurde. In Zusammenarbeit mit dem Justizministerium NW wurden die folgenden Bewertungskriterien zusammengestellt:

- Anpassungsfähigkeit
- Zeitbedarf für Verfahrensänderungen
- Erlernbarkeit des Verfahrens
- Handhabbarkeit des Verfahrens

- Auskunftsbereitschaft des Systems
- Fehlerbehandlung
- Kommunikation
- Bewältigung besonders hohen Geschäftsanfalls (Kapazitätsreserven)
- Abhängigkeit von besonders geschultem Personoal und technischen Einrichtungen
- Gleichbehandlung der Bürger
- Brauchbarkeit der schriftlichen Mitteilungen für den Bürger (Informationsgehalt)
- Rechnerische Richtigkeit der Arbeitsergebnisse
- Schnelligkeit des Verfahrens
- Art der Aktenführung
- Inhalt der Aufgabenbereiche (Dienstposten)
- Qualität der Kostenprüfung
- Auswirkungen auf verwandte Sachgebiete
- Pilotfunktion
- Unterstützung sonstiger automatisierter Verfahren im Justizbereich
- Voraussetzungen für die Einführung eines Verfahrens der integrierten Gesamterhebung

### 4.6.2 Bewertungsverfahren

Als Meßverfahren zur Bewertung der einzelnen Faktoren war eine Bewertungsskala vorgesehen. Dabei war in Punkten eine

| | |
|---|---|
| ± 1 geringfügige<br>± 2 deutliche<br>± 3 erhebliche<br>0 keine | Veränderung<br>(+ Verbesserung)<br>(- Verschlechterung) |

festzustellen.

Diese Skala stand 17 Beurteilern zur Bewertung zur Verfügung. Sie konnten damit zum Ausdruck bringen, in welchem Maße sie ihre Anforderungen an das neue System im Vergleich zum alten erfüllt sahen oder nicht.

Alle Bewerter kannten aus ihrem Arbeitsgebiet das automatisierte Verfahren während der Erprobungsphase. An der Bewertung waren beteiligt:

1 Kostenprüfungsbeamter beim OLG Düsseldorf

3 Beamte der Gerichtskasse Düsseldorf

9 Beamte des LG, AG und der StA Düsseldorf
(2 Bez.-Rev., 5 Kostenbeamte, 2 Strafvollstr. Rpfl.)

4 Beamte der Arbeitsgruppe 'Automation des Kostenwesens' beim AG Düsseldorf

Dieser Personenkreis kannte die Gewichtung der Kriterien nicht.

### 4.6.3 Gewichtung

Die einzelnen Kriterien wurden nach ihrer Bedeutung, die sie für die zu erfüllenden Aufgaben besitzen, gewichtet. Damit wurden neben der Bewertung (= Verbesserung, Verschlechterung), die unterschiedliche Bedeutung eines Faktors im Vergleich zu anderen zum Ausdruck gebracht. Die Skala der Gewichtung lautete:

1 = von geringer Bedeutung

2 = von durchschnittlicher Bedeutung

3 = von großer Bedeutung

Die Gewichtung der Bewertungskriterien wurde von einem zweiten Personenkreis, der mit der Automation vertraut, aber nicht unmittelbar betroffen war, vorgenommen. Diese Personen kannten das Ergebnis der Bewertung nicht. An der Gewichtung waren beteiligt:

5 Mitglieder der Bund-/Länderkommission für DV in der Justiz,

2 Mitarbeiter des Kosten- und Kassenreferates aus dem Justizministerium NW,

2 Projektmitarbeiter der GMD.

Haupteinflußgrößen bei der Multifaktorenrechnung waren die Aussagen der Bewerter. Sie hatten, neben 0, die Möglichkeit, positive und negative Aussagen zu treffen, während die Gewichtung eine Modifikation dieser Aussage herbeiführte, je nachdem, ob ihr eine geringfügige oder erhebliche Bedeutung beigemessen werden sollte.

### 4.6.4 Auswertung und Ergebnis

Aus den eingegangenen Bewertungen und Gewichtungen wurde jeweils das arithmetische Mittel gebildet. Danach wurde die Auswertung der Befragung vorgenommen: Es wurden die Bewertungen mit den Gewichtungen multipliziert, die Produkte summiert und das Ergebnis durch die Summe der Gewichtungen dividiert. Das Ergebnis ist der Nutzenkoeffizient, der eine geringfügige, deutliche, erhebliche oder (bei 0) keine Verbesserung oder Verschlechterung gegenüber dem derzeitigen Verfahren ausdrückt[40)].

Das Ergebnis der Rechnung lag nahe bei +1 und bedeutet, verbal ausgedrückt, eine "geringfügige Verbesserung" gegenüber dem bestehenden Verfahren.

Die Bewertung der Kriterien ergab, daß eine "deutliche Verbesserung" (um +2) darin gesehen wurde, daß im (dem) automatisierten Verfahren

- die rechnerische Richtigkeit der Arbeitsergebnisse sichergestellt wird,
- eine Gleichbehandlung aller Bürger gewährleistet ist,
- eine Pilotfunktion zugemessen werden kann, d.h. Justizbedienstete erstmalig in größerem Umfang der ADV begegnen und im Umgang damit Erfahrungen gewinnen,
- Kapazitätsreserven stecken, wodurch unnötige Verzögerungen nach der eigentlichen Kostenfestsetzung vermieden werden.

Als "geringfügig negativ" (bis -1) wurde gewertet, daß

- eine Abhängigkeit von besonders geschultem Personal und technischen Einrichtungen besteht. Diese Wertung eines nicht überschaubaren Bereiches konnte fast erwartet werden,
- eine nicht ausreichende Auskunftsbereitschaft des Systems besteht. Die geplante Sofortauskunft war in der Erprobungsphase noch nicht implementiert,
- die Möglichkeiten der Fehlerkorrektur unzureichend sind (tatsächlich vorhandene Korrekturmöglichkeiten wurden noch nicht beherrscht).

---

[40)] Zur Veranschaulichung vgl. das Beispiel für eine Multifaktorenrechnung auf Seite 98.

Es fiel auf, daß verschiedene arithmetische Mittelwerte das Ergebnis zum Teil sehr gegensätzlicher Einzelbewertungen waren. Ursache dafür können unterschiedliche Maßstäbe bei der Bewertung gewesen sein.

Teilweise waren die Bewerter lediglich in der Lage, das automatisierte Verfahren, wie es sich ihnen im derzeit laufenden praktischen Versuch darstellt, mit dem herkömmlichen zu vergleichen. Gerade aber in einer Erprobung sollen Schwachstellen gefunden und verbessert werden. So ist das automatisierte Verfahren in einer noch nicht optimalen Ausgestaltung Vergleichsobjekt gewesen. Außerdem ist die sogenannte Sofortauskunft und die maschinelle Erstattung von Überschüssen noch nicht eingeführt und in einigen Bereichen waren nebeneinander Fälle nach neuem und altem Verfahren zu bearbeiten, da der Praxisversuch noch nicht alle Sachgebiete umfaßte.

Von einem anderen Teil der Bewerter hingegen konnte die Einsicht erwartet werden, daß sich eine dem Verfahren besser angepaßte Organisation des Geschäftsablaufes entwickeln wird und heute noch bestehende Probleme wirkungsvoll lösbar sind.

Bei der Gewichtung wurden die aufgeführten Kriterien (mit Ausnahme der "Abhängigkeit von der Technik" und der Eigenschaft "Pilotfunktion") als bedeutsam eingestuft.

## 4.7 Besonderheiten und Probleme

An dieser Stelle sollen einige Besonderheiten und Probleme, die im Laufe der Untersuchung aufgetaucht sind, zur Sprache gebracht werden.

### 4.7.1 Bei der Realisierung der errechneten Einsparungen

Neben der Tatsache, daß die Untersuchung bestimmte Teilbereiche einer großen Zahl von Verwaltungseinheiten zum Gegenstand hatte, waren auch die betroffenen Mitarbeiter vielfach nur zu einem Teil mit Aufgaben aus dem Bereich des Kostenwesens und der Geldstrafenvollstreckung betraut. Da wiederum durch die Automatisierung des Verfahrens nur eine teilweise Entlastung eintrat, war die Errechnung einzusparender Personalkosten recht kompliziert.

Voraussetzung zur Erfassung des Arbeitsumfanges war die schon beschriebene detaillierte Erhebung der Arbeitsanteile im bestehenden Verfahren[41]. Mit Hilfe der uns zur Verfügung stehenden DV-Kapazität (Datenbanksystem und entsprechend entwickelte Programme) war es möglich, die differenzierten Angaben unter Berücksichtigung aller weiteren Komponenten auszuwerten und zu "errechneten Stellen" zusammenzufassen. Diese Probleme waren bei entsprechendem Analyseaufwand lösbar.

Das eigentliche Problem liegt in der Chance der Realisierung der durch die Automation bewirkten Einsparung solcher errechneter Stellen. Hierfür läßt sich schwerlich eine zuverlässige Prognose stellen. Auf der einen Seite ist es leicht möglich, daß bei Mitarbeitern, die bei einer bestimmten Tätigkeit entlastet werden, das übrige Pensum entsprechend steigt, so daß irgendwo am Ende eine Stelle real entfällt. Das gilt jedenfalls für größere Verwaltungseinheiten (Gerichte). Aber auch bei kleineren Einheiten wird wenigstens ein objektiv feststellbarer Anteil einer Stelle wegfallen. Problematisch wird es hingegen

[41] Vgl. hierzu und zum folgenden Ziffer 4.3 (S. 26 ff.).

bei ganz kleinen Arbeitsanteilen, deren Wegfall unter Umständen im allgemeinen Geschäftsbetrieb keine objektiv feststellbaren Veränderungen verursacht. So wurden bespielsweise bei Sachbearbeitern, die auch Kostenbeamtentätigkeit ausüben, alle Arbeitsanteile, die bereits im bestehenden Verfahren unter 10% lagen, bei der Ermittlung einzusparender Stellen außer acht gelassen [42].

Wenn auch die möglichen Rationalisierungseffekte bei den Personaleinsparungen zwangsläufig nur in errechneten Stellen ausgedrückt werden konnten, so zeigen die ermittelten Einsparungen doch die Möglichkeiten auf, die bei guter Anpassung an die neuen Arbeitsabläufe erreicht werden können. Die Wirtschaftlichkeit des automatisierten Verfahrens ist aber nur so hoch einzuschätzen, wie die Realisierung der errechneten Einsparungen gelingt. In welcher Weise die Möglichkeit besteht, Mitarbeitern andere Aufgaben zuzuweisen, Pensen den neuen Gegebenheiten anzupassen oder durch Fluktation frei werdende Stellen zu streichen, muß vor der Einführung von den Verantwortlichen untersucht werden. Es kann dabei Schwierigkeiten geben, weil zum Beispiel neue Aufgaben fehlen oder die Qualifikation der Mitarbeiter einen anderen Einsatz nicht erlaubt.

Es ist sehr verlockend, die ausgewiesenen Kostensenkungen als eine nach der Verfahrensumstellung bestehende Realität anzusehen. Es ist aber zu erwarten, daß in den ersten Jahren nur ein geringer Teil der errechneten Einsparungen realisiert werden kann. Das kann folgende Gründe haben:
- Das automatisierte Verfahren wird stufenweise eingeführt.
- Die Mitarbeiter müssen sich an die neue Arbeitsweise gewöhnen.
- Die Organisation der neuen Arbeitsabläufe muß sich erst einspielen.

Nach einer gewissen Zeit werden die Anfangsschwierigkeiten überwunden sein und die erwartete Entlastung eintreten.

---

[42] Vgl. Seite 45.

### 4.7.2 Bei der Datenbeschaffung und Hochrechnung

Bei der Kostenanalyse gleichartiger Aufgaben, die sich über eine große Zahl von Verwaltungseinheuten verteilen, ist die Beschaffung des notwendigen Datenmaterials ein Problem. Wie schon geschildert[43], waren bei unserem Vorhaben 3 Oberlandesgerichte, 19 Landgerichte und Staatsanwaltschaften, 158 Amtsgerichte und 8 Verwaltungsgerichte zu untersuchen. Während die kleineren Gruppen sowie die 14 Gerichtskassen alle befragt werden konnten, schien eine Erhebung an allen Amtsgerichten wegen des damit verbundenen Arbeitsaufwandes bei den Gerichten nicht durchführbar, zumal die Gerichte häufig durch ähnliche Arbeiten in anderen Zusammenhängen beansprucht werden.

Da Statistiken speziell zum Gerichtskosten- und -kassenwesen und zur Geldstrafenvollstreckung nicht zur Verfügung standen, mußten die Amtsgerichte selbst (als organisatorische Einheiten) als "Grundgesamtheit", aus der eine Stichprobe zu nehmen war, gelten. Zur Bestimmung der Stichprobe 53 aus 158 Amtsgerichten wurden alle Amtsgerichte mit Nummern zwischen 1 und 158 belegt. Mit Hilfe von 53 Zufallszahlen (gleichverteilt zwischen 1 und 158) wurden diejenigen Amtsgerichte bestimmt, an denen eine Erhebung der Daten stattfinden sollte. Kriterium für die Güte der Stichprobe war die Repräsentation aller Einwohner in NW durch die ausgewählten Amtsgerichtsbezirke. Zur Kontrolle wurde ein Histogramm angelegt, das die Repräsentation aller Amtsgerichte durch die ausgewählten, in 10 Größenklassen in Bezug auf die Wohnbevölkerung eingeteilt, verdeutlichte.

Nachdem die erforderlichen Daten an 53 von 158 Gerichten erhoben waren, wurde zunächst untersucht, von welchen Einflußgrößen (Parametern) diese abhängen (Korrelationsanalyse).

Danach wurde mit einem statistischen Verfahren (Regressionsanalyse) bestimmt, wie die erhobenen Daten von den nun gefundenen Parametern abhängen. (Die Korrelationsanalyse bestimmt also die qualitative, die Regressionsanalyse die quantitative Abhängigkeit bestimmter Daten

---

[43] Vgl. Seite 23.

von bestimmten Parametern). Ergebnis dieser beiden Schritte sind Funktionen der Form $A = a \cdot x_1 + b \cdot x_2 + c \cdot x_3 \ldots$ wobei die Größe A (z.B. Datenvolumen in Strafsachen) bestimmt wird durch die Summe der Produkte aus Parametern ($x_1$, $x_2$, $x_3$) und zugehörigen Zahlen aus der Regression (Regressions-Koeffizienten) a, b und c. Hat man nun eine gute Stichprobenauswahl getroffen, so gilt diese Funktion nicht nur für die 53 ausgewählten, sondern auch für die restlichen 105 AG, deren Daten, die sonst hätten erhoben werden müssen, nun mit Hilfe solcher Funktionen berechnet werden (Hochrechnung)[44].

Bei der Korrelations- und Regressionsanalyse konnten lediglich Parameter verwendet werden, die von allen 158 Amtsgerichten bekannt waren. Solche Einflußgrößen wurden in Zusammenarbeit mit Fachleuten aus dem Justizministerium zusammengestellt. Als Parameter wurden gewählt: Wohnbevölkerung je Gerichtsbezirk, erledigte Verfahren Zivilsachen, Geschäftsanfall Mahnsachen, Nachlaßsachen, Urteile in Strafsachen, Anträge auf Erlaß von Strafbefehlen, Personal getrennt nach richterlichem-, gehobenem-, mittlerem- und Kanzleidienst. Die entsprechenden Daten wurden den Justizstatistiken und den Geschäftsübersichten der Gerichte entnommen.

Der Arbeitsaufwand von etlichen Hochrechnungen ist, gemessen am Aufwand, den die Auswertung einer Gesamterhebung erfordert hätte, verhältnismäßig hoch. Außerdem ist aufgrund der Komplexität des Gebildes "Amtsgericht" die Grundgesamtheit von 158 Amtsgerichten recht klein, so daß man damit rechnen muß, daß Zufälligkeiten in der Auswahl beachtliche Auswirkungen haben. Berücksichtigt man außerdem, daß ein Hochrechnungsergebnis nie exakt genaue Zahlen liefern kann, so wäre in Zukunft ernsthaft zu überlegen, ob in diesen Größenbereichen nicht Gesamterhebungen der Vorzug gegeben werden sollte, zumindest, wenn das Endergebnis Entscheidungsgrundlage für die Einführung eines neuen Verfahrens sein soll.

---

[44] Einzelheiten siehe: Fix/Dotterweich, Kosten-Nutzen-Analyse... (Projektbericht), Kap. 7 und Kap. 12.

## 5. Die Analyse von Kosten und Nutzen bei Automationsvorhaben in öffentlichen Verwaltungsbetrieben

In diesem Abschnitt wird unabhängig von den Besonderheiten der im vorangegangenen Abschnitt 4 dargestellten Wirtschaftlichkeitsrechnung, aber aufbauend auf die dort gewonnenen Erfahrungen und Einsichten, dargestellt, wie in vergleichbaren Situationen bei Wirtschaftlichkeitsanalysen vorgegangen werden kann. Im Anschluß an den Abschnitt 3 sei darauf hingewiesen, daß sich diese Ausführungen insbesondere auf die Kostenanalyse in öffentlichen Verwaltungen (Verwaltungsbetrieben) beziehen, seien es nun einzelne Verwaltungseinheiten oder Teilbereiche vieler Verwaltungseinheiten. Hingewiesen sei ferner auf die methodischen Ausführungen des 2. Abschnitts. Aus dem dort aufgezeigten Spektrum kommen die betriebswirtschaftlich orientierten Verfahren der Wirtschaftlichkeitsrechnung und darüber hinaus, in abgewandelter, vereinfachter Form, Verfahren der Nutzwertanalyse in Frage.

Das Hauptproblem der Wirtschaftlichkeitsanalyse in der öffentlichen Verwaltung liegt weniger in der Auswahl und Anwendung von Rechenmethoden als in der Bereitstellung der dazu erforderlichen Daten. Die folgenden Erörterungen behandeln zunächst Probleme der Kostenermittlung (Datenbeschaffung und -bewertung). Weiter wird auf die Anwendung der bekannten Rechenverfahren eingegangen. Dabei soll auch ihre Aussagefähigkeit betrachtet werden. Schließlich sind, über die monetären Auswirkungen hinaus, zur Entscheidungsfindung bei der Einführung neuer Arbeitsorganisationen auch imponderable Faktoren zu berücksichtigen. Dies soll unter dem Aspekt, daß öffentliche Verwaltungen primär informationsverarbeitende Betriebe sind, geschehen.

### 5.1 Gegenstand der Untersuchung

Gegenstand unserer Untersuchung sind vor allem verwaltungsinterne Maßnahmen, die der Erfüllung einer bestimmten, meist gesetzlich fixierten, Aufgabe dienen. Hier geht es in der Regel nicht um am

Markt absetzbare Leistungen, so daß Erträge aus der Produktion von Verwaltungsleistungen kaum eine Rolle spielen. Zur Erfüllung von Verwaltungsaufgaben gibt es jedoch Durchführungsalternativen. Eines der Ziele ist eine möglichst kostengünstige Gestaltung des Verwaltungsablaufes in dem Sinn, daß ein bestimmtes Ergebnis mit möglichst geringem Einsatz an Mitteln realisiert wird. Maßstab ist daher die Differenz der betriebswirtschaftlichen Kosten der infragegekommenen Verfahren. Grundlage zur Messung des monetären "Erfolges" einer Verfahrensumstellung bzw. der Investitionen bei der Einführung neuer Verfahren sind somit die Kosten eines bestehenden Istzustandes bzw. eines neuen Konzeptes, des Sollzustandes. Ob schließlich die Wirtschaftlichkeit in Form eines statischen Kostenvergleiches für ein Rechnungsjahr dokumentiert oder die Gesamtwirtschaftlichkeit mit einem dynamischen Verfahren (z.B. der Kapitalwertmethode) ermittelt wird, ist dann die zweite Frage.

## 5.2 Kostenermittlung

Die zur Kostenermittlung notwendige Voraussetzung, eine Kostenrechnung (Kostenarten, Kostenstellen, Kostenträger), fehlt im Bereich der öffentlichen Verwaltung. Es müssen also zunächst die mit der Leistungserstellung in Zusammenhang stehenden Kostenarten verursachungsgerecht ermittelt und Kostenstellen zugeordnet werden. Die Kostenstellen werden nach den Erfordernissen des Untersuchungsbereichs gebildet, das heißt, es werden solche Bereiche als Kostenstellen definiert, die von einer geplanten Umstellung betroffen sind. Welche der produzierten Verwaltungsleistungen als Kostenträger in Frage kommen, muß hier nicht geklärt werden, da es nicht um eine Kalkulationsgrundlage geht, sondern lediglich die Kosten zweier oder mehrerer alternativer Verfahren festgestellt werden sollen.

Kosten sind bewerteter Verzehr von Sachgütern und Dienstleistungen zur Erstellung einer Leistung. Daraus folgt, daß Kosten eine Mengenkomponente (Personal- und Sachmitteleinsatz) und eine Preiskomponente (monetäre Bewertung des Einsatzes) haben oder - anders ausgedrückt - aus einem Mengen- und Wertgerüst bestehen.

### 5.2.1 Kostenarten, Kostenstellen

Zunächst müssen die für einen Untersuchungsbereich zu berücksichtigenden Kostenarten ermittelt werden. Das ist eine Auflistung aller anfallenden Kosten nach ihrer Art und ihrem Verbrauchscharakter. Dabei wird der Verbrauch an Gütern und Diensten mengenmäßig erfaßt und in Geld bewertet. Den jeweiligen Gegebenheiten entsprechend, kann die Zusammenstellung der Kostenarten unterschiedlich sein. Im folgenden sollen beispielhaft[45)] für die öffentliche Verwaltung typische Kostenarten zusammengestellt und Maßeinheiten zu ihrer Erfassung und Bewertung genannt werden[46)].

---

[45)] D.h. es ist keine Vollständigkeit angestrebt.

[46)] Nähres zur Erfassung und Bewertung siehe unter den Ziffern 5.2.2 und 5.2.3 und im vorhergehenden Abschnitt 4.

Tabelle: Kostenarten

| Kostenart | Maßeinheiten | |
|---|---|---|
| | Mengengerüst | Wertgerüst |
| Personal<br>- Bezüge der Beamten<br>- Vergütungen Angestellte und Arbeiter<br>- Sonstige Personalkosten (Sozialabgaben des Arbeitgebers, sofern nicht in Bezügen und Vergütungen enthalten) | Anzahl Personen, Planstellen, Stellenanteile, errechnete Stellen, mit Besoldungs- und Vergütungsmerkmalen oder sonst. relevanten Angaben | Bewertungsfaktoren aus realen oder Durchschnittsbezügen in verschiedener Gliederungstiefe, bezogen auf einen bestimmten Zeitraum |
| Dienstleistungen Dritter<br>- Honorare<br>- Werkverträge etc. | Vereinbarungen | Preise |
| Material<br>- Vordrucke<br>- Büromaterial | Schreibvolumen<br>Personaleinsatz | Preise<br>Durchschnittswerte |
| Gebühren<br>- Porto<br>- Telefonkosten | Kommunikationsvolumen | Gebührensätze |
| Maschinen<br>- Schreibmaschinen<br>- Buchungsmaschinen<br>- DV-Anlagen und Zubehör | erfaßte Bestände bzw. Planungen | Abschreibungsraten<br>Mieten<br>Wartungskosten |
| Bauten<br>- Büroausstattung<br>- Bauliche Unterbringung (kalk. Miete)<br>- Instandhaltung<br>- Energie<br>- Reinigung | Personaleinsatz; in Anspruch genommene Büro- und Verkehrsflächen | Abschr./Richtsätze; Errechnete Werte aus Erhebungsunterlagen/vorhandene Buchwerte/ Pauschal- und Durchschnittssätze |
| Kapital<br>- kalkul. Zinsen | Das in Anlagen und Lagerbeständen gebundene Kapital. | Kapitalmarktzins oder nach anderen Maßstäben ermittelte Werte. |

Kostenstellen sind abgegrenzte Verantwortungs- und Funktionsbereiche, für die die Kostenbelastung gesondert ermittelt wird. Bei größeren Untersuchungen ist es sinnvoll, eine Strukturierung in quasi-Kostenstellen vorzunehmen. Sie werden hier so genannt, weil sie ad hoc zu einem bestimmten Zwecke gebildet werden und nicht Bestandteil eines bestehenden Kostenrechnungssystem sind. Diesen Kostenstellen werden nun die auf sie entfallenden direkten Kosten aus der Kostenartenrechnung zugerechnet. Ein entsprechender Anteil der angefallenen indirekten Kosten, z.B. Personalgemeinkosten, kann nach einem bekannten oder zu ermittelnden Schlüssel (z.B. % Satz der direkten Kosten) zugeschlagen werden. Die Kostenstellengliederung hat den Vorteil, mögliche Kostenschwerpunkte und die Auswirkungen von Maßnahmen deutlich herauszustellen. Das gilt auch für die Kontrolle der Wirtschaftlichkeit durch spätere Nachkalkulationen.

Anstelle einer Bildung von Kostenstellen, die alle Kosten eines definierten Bereiches erfassen, können in einem vereinfachten Verfahren auch lediglich einzelne Tätigkeiten bzw. Teilbereiche von Arbeitsabläufen untersucht werden. Das bietet zum Beispiel dann die Möglichkeit, bei Automationsvorhaben einzelne zu automatisierende Arbeitsabläufe losgelöst von den sonstigen Vorgängen am Arbeitsplatz oder in einer Organisationseinheit zu untersuchen.

### 5.2.2 Mengenkomponente (Mengengerüst)

Voraussetzung zur Bestimmung der Kosten ist eine detaillierte Organisationsanalyse der zu beurteilenden Verfahrensalternativen. Aus dieser Analyse muß sich vor allem ein Mengengerüst über den Einsatz an Personal und Sachmitteln ableiten lassen. Eine solche Analyse des Ist- und Sollzustandes ist Bestandteil eines Organisation (Projekt-) vorschlages und nicht einer Wirtschaftlichkeitsrechnung. Solche Analysen enthalten in der Regel aber nur die Beschreibung der Struktur einer Organisation (Aufbauorganisation) und der Arbeitsabläufe (Ablauforganisation). Außer in ganz einfach gelagerten Fällen, läßt sich darauf für große Verwaltungen oder gar für viele Verwaltungen kaum ein Mengengerüst in der

Form, wie es für eine Kostenanalyse benötigt wird, ableiten. Diese Arbeit, die dann noch geleistet werden muß, ist in der Regel der aufwendigste Teil der Wirtschaftlichkeitsanalyse[47].

Die Datenerhebung zur Feststellung des Mengengerüstes kann je nach dem Grad der erstrebten Genauigkeit sehr aufwendig sein. Zunächst sind die für einen Untersuchungsbereich zu berücksichtigenden Kostenarten zu ermitteln. Nach den Gegebenheiten fallen jeweils unterschiedliche Kostenarten an. Wenn keine ausreichenden Aufzeichnungen und Kenntnisse an zentraler Stelle vorhanden sind, wird eine mündliche oder schriftliche Befragung der betroffenen Verwaltungseinheiten notwendig. Dazu müssen unter Berücksichtigung der unterschiedlichen Verwaltungsstrukturen entsprechende Erhebungsbögen erarbeitet und so gestaltet werden, daß alle Fragenkomplexe abgedeckt sind und die nachfolgende Auswertung rationell vonstatten gehen kann.

Der Aufwand ist je nach Lage des Einzelfalles unterschiedlich und auch abhängig von
- der zur Verfügung stehenden Analysekapazität,
- den vorhandenen Unterlagen über den zu untersuchenden Bereich (Statistiken, verläßliche Richtwerte, Buchungsunterlagen und sonstige Aufzeichnungen)
- der angestrebten Genauigkeit der Analyse (Grob-/Feinanalyse). Bei der Grobanalyse genügen vielfach Richtzahlen als Grundlage für ein Mengengerüst.

Bei der Bewertung des Arbeitsaufwandes zur Ermittlung des Volumens einzelner Kostenarten sollte vorab insbesondere deren Anteil an den Gesamtkosten abgeschätzt werden. Wegen der außerordentlich personalintensiven Gestaltung der meisten Arbeitsabläufe in der öffentlichen Verwaltung beträgt z.B. der Personalkostenanteil an den Gesamtkosten vielfach 70 - 90%. Es liegt daher nahe, einen relativ hohen Erfassungsaufwand[48] zur Analyse des Personaleinsatzes zu treiben. Bei bestehenden Organisationen kommt zur Feststellung von Arbeitsart und -umfang in erster Linie die Selbstaufschreibung durch die Betroffenen

---

[47] Vgl. 4. Abschnitt, Seite 22 ff.

[48] Z.B. differenziert nach Einkommensgruppen und Arbeitsfunktionen.

in Betracht. "Im Verwaltungsbereich werden Stellen- und Arbeitsbeschreibungen als Grundlage für die Arbeitsbewertung fast durchweg durch den arbeitenden Menschen selbst vorgenommen"[49]. Besonders zu beachten ist dabei der Ansatz einer angemessenen Erhebungsdauer und vor allem die Wahl des Zeitraumes, in dem eine solche Erhebung durchgeführt wird (möglichst Zeiten einer normalen Arbeitsbelastung, also keine Terminspitzen oder allgemeine Ferienzeiten). Die Tendenz, bei der Selbstaufschreibung die infragekommenden Arbeiten zeitlich über- oder unterzubewerten, dürfte sich bei genügend großem Erhebungsumfang im Ergebnis ausgleichen. Die Plausibilität der Aussagen kann zusätzlich durch Stichproben oder durch die Beurteilung sachkundiger Dritter geprüft werden.

Je nach dem Umfang der Untersuchungsbereiche stellt sich die Frage, ob eine Gesamterhebung oder eine repräsentative Erhebung durchgeführt werden soll. Probleme ergeben sich bei der Auswahl der Stichprobe nach struktur- und gruppenspezifischen Kenngrößen sowie bei der Durchführung der Hochrechnung (Korrelations- und Regressionsanalyse)[50].

Aufwendiger ist eine analytische Ermittlung z.B. des Personaleinsatzes. Sie basiert auf Stückzahl, Art und Schwierigkeitsgrad der zu bearbeitenden Geschäftsvorfälle. Deren Bearbeitungsdauer kann variabel (z.B. Aktenstudium) oder konstant (z.B. Schreib-, Such- und Rechenarbeiten) sein. Zur Erlangung dieser Werte müssen Arbeitsuntersuchungen durchgeführt werden. Die analytische Ermittlung von Plandaten kommt vor allem zur Kostenanalyse von Sollkonzeptionen in Betracht. Hier müssen in der Regel auf der Grundlage von Istwerten oder Vergleichsgrößen aus ähnlichen Verfahrensabläufen Unterschiede oder Übereinstimmungen von Sachverhalten festgestellt und daraus quantitative Daten für Plan- und Sollzeiten abgeleitet werden[51].

---

[49] REFA, Methodenlehre des Arbeitsstudiums, Band 2: Datenermittlung, Seite 283, München 1972.

[50] Vgl. hierzu Ziffer 4.7.2 (S. 65 f.).

[51] Vgl. hierzu REFA, Methodenlehre des Arbeitsstudiums, Bd. 2.

### 5.2.3 Preiskomponente (Bewertung)

Wenn die Voraussetzungen zur Kostenermittlung - Abgrenzung des Untersuchungsbereiches und Feststellung des Mengengerüstes - erfüllt sind, werden die ermittelten Mengendaten monetär bewertet. Kosten sind der in einen Geldbetrag umgewandelte Verbrauch von Gütern und Dienstleistungen. "Durch die Bewertung mit Geldeinheiten werden die verschieden dimensionierten Verbrauchsmengen gleichnamig gemacht"[52]. Die meisten Kostenarten haben pagatorischen (auf tatsächlichen Zahlungsvorgängen beruhenden) Charakter, z.B. Personalausgaben, Anschaffungskosten kurzlebiger Wirtschaftsgüter, so daß hier die Bewertungsdaten aktuell ermittelt bzw. vorhandenen Aufzeichnungen entnommen werden können. Problematischer sind dagegen die Wertansätze bei den kalkulatorischen Kostenarten: Anschaffungs-, Tages- oder Wiederbeschaffungspreise für kalkulatorische Abschreibungen langlebiger Wirtschaftsgüter, kalkulatorische Mieten bei eigengenutzten alten Gebäuden oder kalkulatorische Zinsen[53].

Der Bewertungszeitraum umfaßt in der Regel 1 Kalenderjahr, möglichst das Jahr, für das die quantitative Analyse gilt.

Die Bestimmung der Bewertungsgrößen für die Personalkosten kann entweder durch Beschaffung und Verarbeitung aller benötigten Angaben selbst vorgenommen werden oder von Personalstellen beschafft werden, wenn dort alle Komponenten berücksichtigende Richt- und Durchschnittswerte existieren.

Die Personalkosten setzen sich zusammen aus den

- direkten Personalkosten: Durchschnittsbezüge je Besoldungs- bzw. Vergütungsgruppe einschließlich der jährlichen Sonderzuwendungen
- indirekte Personalkosten:

  Abhängig von den Bezügen: Sie werden je Besoldungs- bzw. Vergütungsgruppe ermittelt und prozentual den Einzelbezügen zugeschlagen. Sie setzen sich zusammen aus:
  - Kosten der Aus- und Weiterbildung
  - Kosten für Vertretung (Krankheit, Urlaub)

---

[52] Gornas, Grundzüge einer Verwaltungskostenrechnung, Baden-Baden 1976, S. 97.

[53] Weiteres zu dieser Problematik bei Gornas, S. 96 ff.

- Arbeitgeberanteile zur gesetzlichen Sozialversicherung
- Zuschüsse zur VBL
- Reise- und Umzugskosten
- Kosten der Unfallfürsorge
- Vermögenswirksame Leistungen des Arbeitgebers.

Unabhängig von den Bezügen: Sie werden prozentual der Personalkostensumme zugeschlagen:
- Kosten der Personalverwaltung
- Beihilfen, Unterstützungen
- Wohnungsfürsorge.

Die Arbeitsanteile der Mitarbeiter im untersuchten Aufgabenbereich werden zur Beurteilung des Personaleinsatzes einzeln erfaßt, zur Personalkostenermittlung aber zweckmäßigerweise zu vollen "rechnerischen Stellen" zusammengefaßt. Je nach den zur Verfügung stehenden Daten und der angestrebten Genauigkeit, können als Bewertungsgrößen zugrunde gelegt werden:
- Die Grundbezüge nach Besoldungsgruppen aufgeteilt nach Besoldungsdienstaltersstufen,
- Durchschnittsbezüge nach Besoldungsgruppen oder
- Durchschnittsbezüge nach Laufbahngruppen (einfacher-, mittlerer-, gehobener-, höherer Dienst).

Entsprechendes gilt für die Angestelltenvergütungen.

Bei Untersuchungen, die große Verwaltungsbereiche umfassen, empfiehlt es sich, Jahresdurchschnittswerte je Besoldungs-/Vergütungsgruppe oder je Laufbahngruppe zugrundezulegen. Auf diese Weise wird die Zufälligkeit einer individuellen Berechnungsweise (z.B. Alter, Kinderzahl) vermieden. Gleichzeitig gestatten solche Werte eine langfristige Betrachtungsweise (kein Einfluß durch Fluktuation und Veränderung der Altersstruktur). Neben eigenen Ermittlungen können Durchschnittswerte auch anderen Quellen entnommen werden (vgl. Richtzahlensammlungen der KGSt).[54)]

---

[54)] Zu den Methoden der Personalkostenermittlung siehe auch: J. Schmidt, Wirtschaftlichkeit in der öffentlichen Verwaltung, Berlin 1977, Seiten 21 ff.
Vgl. hierzu auch die Ausführungen unter Ziffer 4.3.2.

Daten zur Bewertung der Sachkosten kommen, je nach den Gegebenheiten, aus Beschaffungsstellen (höherwertige Güter oder große Mengen werden meist zentral beschafft) oder können aus Inventaren, Preislisten oder Buchungsunterlagen ermittelt werden. In der Regel sind die Werte über Anschaffungs-, Instandhaltungs- oder Bewirtschaftungskosten bekannt. Für die kalkulatorischen Sachkosten (Abschreibungen) ist die weiter oben angeführte Problematik des Wertansatzes zu berücksichtigen. Der Ansatz eienr kalkulatorischen Miete[55)] ist bei älteren eigengenutzten Gebäuden von Bedeutung. Um hier zu heute realen Wertansätzen zu gelangen, können kalkulatorische Mieten im Sinne von Opportunitätskosten[56)] angesetzt werden.

Der Ansatz von Kapitalkosten erfolgt durch die Berechnung kalkulatorischer Zinsen auf das Anlage- und Umlauf (Lager-)vermögen unabhängig davon, ob dieses Kapital mit Eigen- oder Fremdmitteln finanziert worden ist. Damit wird der Einfluß der wechselnden Finanzierung aus der Kostenrechnung ausgeschaltet. Kalkulatorische Zinsen als Kapitalkosten dienen hier vornehmlich der Messung der Wirtschaftlichkeit des Kapitaleinsatzes. Damit wird nicht die Frage berührt, inwieweit grundsätzlich ein Ansatz von Zinsen für den aus Steuermitteln finanzierten Kapitaleinsatz für Verwaltungsaufgaben sinnvoll ist.

### 5.2.4 Kosten automatisierter Verfahren

Die Kosten eines geplanten automatisierten Verfahrens zur Informationsgewinnung werden unter zwei Aspekten betrachtet:

---

55) Vgl. dazu auch Abschnitt 4, Seite 35 f.

56) Kosten werden hierbei einem entgangenen Nutzen (z.B. aus der Vermietung von Räumen oder Gebäuden) gleichgesetzt.

- Investitionskosten: Hierunter fallen alle einmalig anfallenden Kosten, die vor dem endgültigen Einsatz des automatisierten Verfahrens entstehen. Der Terminus Investition wird hier also umfassender als im Sinne einer reinen Sachinvestition gebraucht. Man kann diesen Kostenblock auch als "Vorkosten" bezeichnen.
- Zu den Betriebskosten des automatisierten Verfahrens zählen alle Personal- und Sachkosten, die laufend dafür anfallen. Sie setzen sich zusammen aus den Kosten für das abgelöste Verfahren, die weiter bestehen bleiben und jenen Kosten, die durch das automatisierte Verfahren zusätzlich verursacht werden. Zur Ermittlung der verbleibenden Kosten ist die Dokumentation aller wesentlichen Einsparungsmöglichkeiten im alten Verfahren erforderlich.

Investitionskosten

Die sogenannten Einmalkosten umfassen Investitionen und Entwicklungskosten des automatisierten Verfahrens. In einem statischen Verfahren der Wirtschaftlichkeitsrechnung (z.B. der Kostenvergleichsrechnung), werden sie in der Form von Abschreibungen und Zinsen auf die Nutzungsdauer bzw. einem überschaubaren Zeitraum verteilt. Bei einem Rechenverfahren nach der dynamischen Wirtschaftlichkeits- bzw. Investitionsrechnung tritt dieses Problem naturgemäß nicht auf.

Die besondere Schwierigkeit bei der Beurteilung dieser vor der Verfahrenseinführung anfallenden Kosten liegt in der Ungenauigkeit, die einer Abschätzung des Arbeitsaufwandes für die Vorbereitung anhaftet. Die Dauer von Systemanalyse und Systementwicklung ist sehr stark davon abhängig, wie schnell und genau Aufgabenstellung und Systembedingungen festgelegt werden können.

Bei den Investitionskosten sind folgende Kostenarten zu berücksichtigen:
- Anschaffungs- und Installationskosten der Geräte und Ausrüstungen für die automatisierte Datenverarbeitung. Unter Umständen ist eine besondere Ausstattung in Frage kommender Räumlichkeiten notwendig.
- Kosten für Systemanalyse, Systementwicklung, Programmierung, Testen der Programme, Erprobungsphase (prakt. Versuch).
- Organisatorische Umstellungsmaßnahmen zur Einführung des neuen Verfahrens (neuer Arbeitsablauf) und Training des mit dem neuen System

arbeitenden Personals. Diese Kosten erreichen eine bedeutende Höhe, wenn Parallelläufe erforderlich sind, d.h. wenn die Arbeiten aus Sicherheits- und Kontrollgründen eine gewisse Zeit lang nebeneinander nach dem alten und dem neuen Verfahren ablaufen.

- Kosten für die Inanspruchnahme von Fremdleistungen (z.B. Beratung, Software).

Betriebskosten

Ein Schwerpunkt der Untersuchung liegt in der Feststellung, welche der laufenden Betriebskosten aus dem bisherigen Verfahren auch im automatisierten Verfahren anfallen oder - umgekehrt ausgedrückt - welche Kosten des bestehenden Verfahrens sich durch die Automatisierung einsparen lassen. Das betrifft bei Behörden in der Hauptsache den Personalsektor. Zweckmäßigerweise werden alle von der Automatisierung betroffenen Funktionsgruppen einzeln daraufhin untersucht, wieweit sich die bisherige Tätigkeit wandelt und welche mengen- und zeitmäßigen Auswirkungen das hat. Dazu sind wiederum Messungen durchzuführen, wobei aufgrund möglichst detaillierter Kenntnis des neuen Verfahrens die Auswirkungen ermittelt werden müssen. Die Feststellung der Kosten der nun entsprechend reduzierren Arbeitsbereiche geschieht wie unter Ziffer 5.2 [57].

Die Betriebskosten für den neu hinzukommenden DV-Bereich können sich wie folgt zusammensetzen:

- Die Personalkosten werden u.a. beeinflußt durch die Organisation der Datenerfassung, z.B. Eingabe über Tastatur, dezentral, zentral, maschinenlesbare Belege, Datenträgeraustausch, Datenfernübertragung sowie durch den Einsatz arbeitsplatznaher DV-Systeme oder die Verarbeitung in zentralen Großrechnern.
- Ein weiterer Kostenfaktor ist die Datenübermittlung. Gemeint ist damit der Transport der Daten außer Haus. Insbesondere erreichen hier die Leitungskosten einer eventuellen Datenfernübertragung eine beträchtliche Höhe.
- Bei Benutzung eines Rechenzentrums sind für die beanspruchten Rechenzeiten Gebühren zu zahlen. Sie sind abhängig von der Häufigkeit der Programmläufe, dem Umfang des zu verarbeitenden Datenmaterials und

[57] Siehe Seite 69 ff., vgl. hierzu auch Ziffer 4.4.2 (S. 42 ff.).

dessen Auswertung. Die Höhe der dafür anfallenden Kosten werden aus der Kostenrechnung der leistenden Stellen abgeleitet und von dort aufgegeben.

- Die Kosten der Datenspeicherung und -sicherung sind ebenfalls zu berücksichtigen.
- Die Materialkosten liegen infolge höherer Qualitätsforderungen über denen bei manueller Bearbeitung. Es fallen an: Vordrucke für Erfassungsbelege, Formularsätze, Endlospapiere für den Computeroutput sowie Magnetdatenträger verschiedener Art.
- Für Programmpflege und Ablaufüberwachung fallen Personal- und Sachkosten an. Die vorhandene Software muß gewartet und bei Bedarf geändert werden. Eine laufende Überwachung des DV-Arbeitsablaufes (z.B. Vollständigkeit der Verarbeitung, Richtigkeit der Ergebnisse, Weiterleitung des Outputs) ist notwendig.
- Für die installierte Hardware fallen Wartungskosten an. Bei gemieteten Geräten gehören die Mieten zu den laufenden Betriebskosten.
- Schließlich sind im Rahmen einer Kostenvergleichsrechnung die Abschreibung und Verzinsung als Raten der vor der Umstellung angefallenen sog. Einmalkosten zu berücksichtigen.

Übersicht zu Ziffer 5.2.4: Kosten automatisierter Verfahren

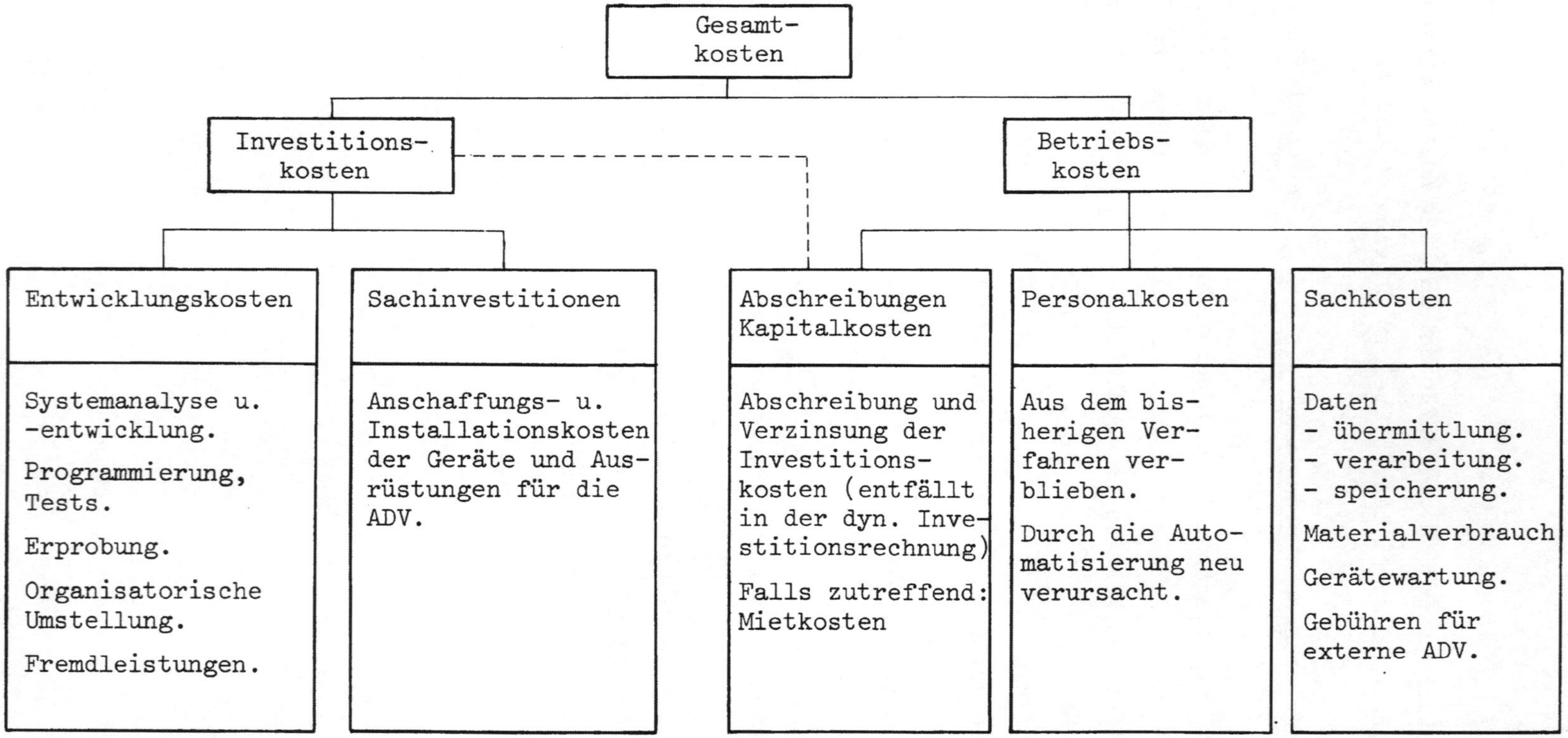

## 5.3 Wirtschaftlichkeitsrechnung

### 5.3.1 Kostenvergleich

Der unter Ziffer 2.1.1[58] bereits behandelte Kostenvergleich ist eines der häufig angewandten Verfahren der statischen Wirtschaftlichkeitsrechnung. Der Kostenvergleich eignet sich besonders dort, wo zur Erfüllung einer gegebenen Aufgabe die kostengünstigste Handlungsalternative zu wählen ist. Dabei sind seine Einschränkungen: keine Aussage zur Rendite des Kapitaleinsatzes, meist kurzfristige Betrachtung nur eines Rechnungsjahres[59] und Voraussetzung gleicher Leistung, zu beachten.

Ergebnis und Aussagefähigkeit des Kostenvergleiches wurden unter Ziffer 4.5[60] anhand eines Beispieles aus der Praxis bereits vorgestellt. Eine gute Strukturierung des Kostengefüges erhöht dabei die Aussagekraft und zeigt die Schwerpunkte der kostenmäßigen Auswirkungen von Verfahrensänderungen.

In einer Verwaltungsbehörde lassen sich bei Automationsvorhaben oder Investitionen anderer Art fast nie Ertrags(Einnahmen-)steigerungen nachweisen, da keine marktgängigen Leistungen produziert werden. Die Effizienz im monetären Bereich liegt fast immer in der kostengünstigeren Erstellung der zu erbringenden Leistung. Von daher gesehen ist der Kostenvergleich, wenn auch in seiner erweiterten Form für mehrere Rechnungsjahre, Voraussetzung zur Anwendung von Verfahren der dynamischen Investitionsrechnung, auf die im folgenden eingegangen wird.

---

[58] Siehe Seite 7.

[59] Mann kann natürlich auch vorausschauend die Kosten vieler Rechnungs-Jahrperioden miteinander vergleichen (z.B. als Voraussetzung zur Kapitalwertrechnung).

[60] Siehe Seite 53 ff.

## 5.3.2 Kapitalwertrechnung

Die Kapitalwertrechnung gehört zu den Verfahren der dynamischen Wirtschaftlichkeitsrechnung. Die methodischen Grundlagen dieser Verfahren wurden bereits unter Ziffer 2.1.2[61] verdeutlicht. Hier geht es mehr um die praktische Anwendung der Kapitalwertrechnung und die dazu notwendigen Voraussetzungen.

Zur Beurteilung eines Vorhabens werden alle durch die Investition ausgelösten finanziellen Auswirkungen, d.h. alle Ausgaben und Einnahmen in ihrem Zeitablauf (von der ersten Investitionsaktivität bis zum Ende der Nutzung) einbezogen. Es ist leicht einzusehen, daß hierzu eine große Zahl von Informationen vorhanden sein muß. Bezogen auf behördliche Aufgabenstellungen, wie z.B. die Automatisierung von Arbeitsabläufen, sind dies, jeweils unter Berücksichtigung ihres zeitlichen Anfalles, die Kenntnis

- der Ausgaben für Sachinvestitionen, Systementwurf, -entwicklung, Implementierung etc.,
- der Einnahmen. Das sind normalerweise die aus der Investition resultierenden Einnahmenüberschüsse. Im behördlichen Bereich wird es sich um den Rationalisierung"gewinn" (= Einsparungen) aus einem Kostenvergleich handeln. Das Ergebnis des Vergleiches muß um Abschreibungen und Zinsen bereinigt werden. Bei den Abschreibungen handelte es sich um die Verteilung der Investitionsausgaben auf die Nutzungsdauer. Der Ansatz von Zinsen entfällt durch die Diskontierung. Die zu erwartenden Einnahmen (Einsparungen) müssen bis zum Ende der Nutzungsdauer der Investition ihrer Höhe und dem zeitlichen Anfall nach ermittelt oder abgeschätzt werden können. Dazu gehören auch die Steigerungsraten bei den Personal- und Sachkosten. Auf der Einnahmenseite werden auch Leistungssteigerungen, soweit sie monetär bewertbar sind, berücksichtigt.

Weitere Voraussetzungen zur Durchführung der Kapitalwertrechnung sind

- die Kenntnis des Zeitpunktes der Inbetriebnahme der Investition (des Verfahrens),

---

[61] Vgl. Seite 9 ff.

- die Abschätzung der voraussichtlichen Nutzungsdauer,
- die Festlegung des Kalkulationszinsfußes.

Ein einfaches Beispiel soll die Aussage der Kapitalwertrechnung verdeutlichen.

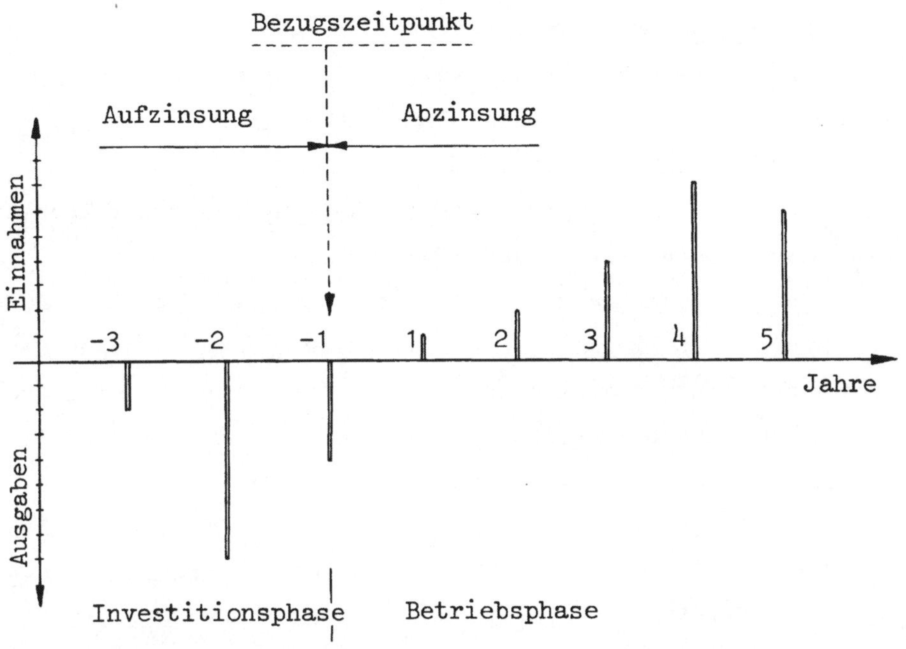


| Jahr | | Ausgaben | Einnahmen | Auf- bzw. Abzinsungsfaktoren[63] | Barwerte |
|---|---|---|---|---|---|
| Invest.-phase | 3 | - 20.000 | | 1,166 | - 23.320 |
| | 2 | - 80.000 | | 1,080 | - 86.400 |
| | 1 | - 40.000 | | 1 | - 40.000 |
| Betriebsphase [62] | 1 | | + 10.000 | 0,926 | + 9.260 |
| | 2 | | + 20.000 | 0,857 | + 17.140 |
| | 3 | | + 40.000 | 0,794 | + 31.760 |
| | 4 | | + 70.000 | 0,735 | + 51.450 |
| | 5 | | + 60.000 | 0,681 | + 40.860 |
| | | | | Kapitalwert = | + 750 |

62) Zeitpunkt der Inbetriebnahme = Bezugszeitpunkt zur Ermittlung der Barwerte.

63) Gewählter Kalkulationszinsfuß = 8%. Die Faktoren stammen aus der Zinseszinstabelle. Es wurde unterstellt, daß die ausgewiesenen Beträge jeweils in einer Summe am Ende des Jahres anfallen.

Erläuterungen zur Beispielrechnung:

- Der Bezugszeitpunkt für die Diskontierung hätte auch unmittelbar vor den Beginn der Investitionen gelegt werden können. Dann wären, mit demselben Ergebnis, alle Ausgaben und Einnahmen auf diesen Zeitpunkt abgezinst worden.
- Der zur Diskontierung gewählte Zinsfuß (8%) ist eine Festlegung, in der die erwartete Mindestrentabilität des eingesetzten Kapitals zum Ausdruck kommt. In den errechneten Barwerten kommt die Wirkung des Zeitablaufes deutlich zum Ausdruck.
- Die in der Rechnung zugrundegelegte Nutzungsdauer der Investition hat einen großen Einfluß auf das Ergebnis.
- Die Einnahmen (Einsparungen) sind zunächst infolge der Schwierigkeiten der Umstellung und Anpassung sehr gering, steigen dann kontinuierlich und sinken später durch irgendwelche Einflüsse.
- Die Differenz der Barwerte der Ausgaben und Einnahmen stellt den Kapitalwert der Investition dar. Ist der Kapitalwert größer oder gleich Null, so ist die Investition sinnvoll, d.h., die Einnahmen aus der Investition führen zu einer Wiedergewinnung der Ausgaben mit einer Verzinsung, die mindestens gleich dem Kalkulationszinsfuß ist. Werden mehrere Investitionsmöglichkeiten miteinander verglichen (z.B. Automationskonzepte), so wird die Alternative ausgewählt, die den höchsten Kapitalwert ausweist.
- Die eigentliche Schwierigkeit der Kapitalwertrechnung liegt in der Ermittlung der erforderlichen Eingabedaten zur Bestimmung des Kapitalrückflusses. Die Berücksichtigung geschätzter Zukunftszahlen schließt zwangsläufig die allen Prognosen anhaftende Unsicherheit mit ein. Die Vorteile, die ein dynamisches Rechenverfahren zweifellos mit sich bringt, können durch Fehlermöglichkeiten bei der Ermittlung von zukunftsbezogenen Kosten- und Leistungsdaten leicht kompensiert werden. Bei der Planung größerer Investitionsvorhaben oder Umstellungsmaßnahmen müssen daher genaue Vorstellungen über deren Entwicklung in der Zukunft erarbeitet werden. Alternativrechnungen unter Berücksichtigung von Ober- und Untergrenzen sind unter Umständen empfehlenswert.

### 5.3.3 Rationalisierungsnutzen

Wie zu sehen war, läßt sich das Ergebnis des monetären Vergleichs alternativer Lösungen vorwiegend als Rationalisierungsnutzen begreifen. In der Regel wird das geplante DV-gestützte Verfahren mit dem bestehenden manuellen verglichen, wobei der Grad der Automatisierung und die Gestaltung der Organisationsstruktur von ausschlaggebender Bedeutung sind. Eine vorgesehene maschinelle Lösung ist an sich nicht schon optimal. Vielmehr kommt es auf die optimale Kombination von menschlicher Tätigkeit und maschineller Funktion sowie auf eine rationelle Nutzung der Kapazität an.

" Eine bedeutende Voraussetzung für die Verwirklichung der möglichen Rationalisierungseffekte ist die Anpassung - ggf. Neugestaltung - der allgemeinen Organisationsstruktur an die Systemgestaltung im DV-Bereich Durch eine Neuverteilung der Arbeiten bei den Sachgebieten, deren Aufgaben in die ADV einbezogen worden sind, nach Zusammenlegung verbliebener Aufgaben muß es dann möglich sein, freigestellte Mitarbeiter für andere Aufgaben zu verwenden.

Hierfür sind verfeinerte Untersuchungsmethoden erforderlich, weil z.B. oftmals einzelne Mitarbeiter nur zu einem Bruchteil von ihren bisherigen Aufgaben/Arbeiten entlastet oder evtl. durch neue Aufgaben/ Arbeiten belastet wurden. So kann erst durch eine Summierung solcher Bruchteile und Neuverteilung der Aufgaben/Arbeiten sowie anschließende Neubewertung der Arbeitsplätze (Stellen) der Rationalisierungserfolg sichtbar gemacht werden."[64)]

Weiter sollte bei einem Verfahrensvergleich geprüft werden, ob nicht der vorhandene Istzustand eines konventionellen Systems unabhängig vom Einsatz elektronischer Technologie verbessert werden kann. Hier besteht eine große Gefahrenquelle für einen unwirtschaftlichen Einsatz

---

64) Laux, Kaufmann, Praxis der Organisationsänderung, Baden-Baden 1978, Seite 150.
Vgl. hierzu auch die Ausführungn unter Ziffer 4.7.1

der ADV, wenn nämlich der "Erfolg" des automatisierten Verfahrens auf dem Vergleich mit einem unwirtschaftlichen, mangelhaften Istzustand basiert. Der Verfahrensvergleich müßte daher von einem optimal organisierten System konventioneller Informationsverarbeitung ausgehen und wäre damit nicht mehr ein Ist-Soll-Vergleich, sondern ein Soll-Soll-Vergleich. Hier liegen allerdings große Schwierigkeiten in der Datenermittlung, da dann zwei nicht real existierende Verfahren unter Zugrundelegung zahlreicher "Annahmen" verglichen werden. Außerdem kann davon ausgegangen werden, daß die Automatisierungsmaßnahme der Anlaß einer grundlegenden Neuorganisation ist, die ohne sie nicht erfolgt wäre. Von daher könnte der "Erfolg" voll der Investition, die ja auch eine geistige ist, zugerechnet werden.

Bei der Ermittlung des Rationalisierungsnutzens finden nur monetär bewertbare Daten ihren Niederschlag. Die Wirtschaftlichkeitsrechnung beruht auf exakt rechenbaren Kosten- und Leistungsgrößen. In die Ergebnisse einer solchen Analyse dürfen nicht solche Nutzenbestimmungen einbezogen werden, die überwiegend auf subjektiven Wertschätzungen beruhen, die monetär und z.T. auch mengenmäßig nicht erfaßbar sind. Die Ergebnisse der Bewertung imponderabler Nutzenfaktoren stehen als eigenständige Aussage neben der Wirtschaftlichkeitsrechnung.

## 5.4 Schwer quantifizierbarer Nutzen

Über die monetären Auswirkungen hinaus, sind bei der Einführung neuer Verfahren auch nicht in dieser Weise quantifizierbare Nutzengrößen zu berücksichtigen. Dabei ist es unbefriedigend, sich mit einem verbalen Festhalten "unter dem Strich" zu begnügen. Im folgenden sollen für die öffentliche Verwaltung typische Nutzenkriterien und Möglichkeiten ihrer Messung aufgezeigt werden.

### 5.4.1 Informationsnutzen

Öffentliche Verwaltungen sind vorwiegend informationsverarbeitende Betriebe. Durch den Einsatz neuer Technologien werden ihre Kommunikationsbeziehungen in vielfältiger Weise modofiziert, neu organisiert und erweitert. Das erfordert Investitionen in Sachmittel und Organisationsverfahren. Wenn auch in der Regel eine höhere Bewertung monetär quantifizierbarer Effekte gegenüber den schwerer nachweisbaren Verbesserungen der Informationsstruktur stattfindet, so ist der monetäre Aspekt nur eines der Ziele einer verbesserten Informationsverarbeitung. Im Vordergrund steht die Gewinnung von Planungshilfen und Entscheidungsinformationen zur besseren Erfüllung der Aufgaben in Staat und Verwaltung.

Die Bewertung des Ergebnisses der Informationsgewinnung ist problematisch. Der Wert der Informationen kann - im Gegensatz zu den Kosten - nicht in Geldeinheiten ausgedrückt werden, denn die Information hat keinen Marktpreis wie irgendein Wirtschaftsgut. Es ist nun zu untersuchen, welcher Wert der Leistungsgröße "Information" zuzumessen ist. Bevor hierzu methodische Ansätze aufgezeigt werden, sollen einzelne Kriterien des Informationsnutzens betrachtet werden.

## 5.4.2 Kriterien des Informationsnutzens

### Aktualität der Informationen

Die Aktualität ist ein wichtiges Kriterium der Informationsgewinnung. Bezüglich der Zeitdauer der Informationsübermittlung sind die modernen Verfahren der automatisierten Verarbeitung besonders leistungsfähig. Daher fällt die Beurteilung in dieser Hinsicht fast immer zu ihren Gunsten aus. Die geringe Bearbeitungs- und Übermittlungszeit erhöht die Aktualität der gewonnenen Informationen.

### Zuverlässigkeit der Informationen

Die Zuverlässigkeit (Sicherheit) ist ein weiteres Kriterium für einen möglichen Informationsnutzen. Die automatisierte Datenverarbeitung ersetzt gewissermaßen einen Teil fehlerbehafteter menschlicher Arbeitsleistung. Die Fehlerwahrscheinlichkeit der maschinellen Bearbeitung ist äußerst gering (hohe Ablaufsicherheit). Programmier-, Bedienungs- und Dateneingabefehler sind nicht vom maschinellen System zu verantworten. Hier bietet zudem entsprechende Software die Möglichkeit einer Minimierung, z.B. die Unterstützung der formellen Richtigkeit durch übersichtliche formatgebundene Eintragungen und durch maschinelle Kontrolle der Vollständigkeit, die Unterstützung der materiellen Richtigkeit durch maschinelle Plausibilitätsprüfungen und Fehlerhinweise.

### Qualität der Informationen

Die Qualität der Informationsverarbeitung kann nach Gesichtspunkten der

- äußeren Form und des
- Inhaltes bewertet werden.

Die äußere Form bleibt bei Wiederholung der automatisierten Verarbeitungsprozesse immer die gleiche. Bei entsprechend guter Gestaltung erhöht das die Übersichtlichkeit und Aussagefähigkeit für den Informationsempfänger. Hier lassen sich die Gestaltungsmöglichkeiten im Vergleich zur konventionellen Informationsaufbereitung durch neuere technologische Entwicklungen weiter steigern.

Die inhaltliche Qualität: Der einmal erreichte Qualitätsstand der Informationsverarbeitung wird bei jeder Wiederholung gehalten. Bei dem repetitiven Charakter der meisten Informationen im Verwaltungsbereich ist das ein großer Vorteil. Die vollständige Verarbeitung aller maschinenlesbaren Ursprungsinformationen ist gesichert. Durch statistische Auswertungen werden zusätzliche Informationen bereitgestellt (Berichtswesen).

Verfügbarkeit der Informationen

Die Verfügbarkeit, verstanden als Informationsbereitschaft zum gewünschten Termin, ist ein weiteres Kriterium des Informationsnutzens. In automatisierten Systemen sind störungsbedingte Ausfallzeiten nicht ganz zu vermeiden. Sie werden aber durch bessere Betriebssysteme minimiert werden können. Durch dezentrale Datenhaltung und -verarbeitung wird dieses Problem ebenfalls gemindert.

Flexibilität der Informationsgewinnung

Die Flexibilität ist Ausdruck der Anpassungsfreundlichkeit gegenüber Veränderungen von Organisation, Datenvolumen und Datenstruktur. Sie manifestiert sich in der
- quantitativen und
- qualitativen

Anpassungsfähigkeit eines Systems.

Der quantitative Aspekt der Informationsgewinnung, nämlich die kurzfristige Kapazitätsanpassung, ist ein entscheidender Vorteil automatisierter Verfahren. Die Informationsverarbeitung ist weniger personalintensiv, so daß bei Änderungen des Informationsvolumens schnell reagiert werden kann. Begrenzungen liegen in der notwendigen Umsetzung der Daten auf maschinenlesbare Datenträger und in der vorhandenen Kapazität der Hardware.

Der qualitative Aspekt betrachtet die Verarbeitung neuartiger bzw. veränderter Informationen.

- Kurzfristig gesehen liegen hier Vorteile der konventionellen Informationsgewinnung, da der informationsverarbeitende Mensch sich besser an neue und veränderte Aufgaben anpassen kann. Im automatisierten Verfahren erfordert das großen Aufwand und mehr Zeit.
- Langfristig betrachtet wird durch die maschinelle Speicherung aller verfügbaren Daten insgesamt gesehen eine höhere Qualitätsstufe erreicht, die eine Umorganisation auf andere technische Medien (neue Technologien) relativ leicht erlaubt.
- Generell bewirkt die maschinell organisierte Informationsverarbeitung, wenn sie sorgfältig geplant und implementiert ist, eine größere Transparenz der Ablauforganisation und bietet daher die Möglichkeit einer einheitlichen Anpassung auch großer Bereiche. Auch die Eingriffsmöglichkeit bei Sonderfällen spielt bei der Bewertung der Flexibilität eine Rolle.

Informationsnutzen für den Bürger

Mit der Installation moderner Systeme der Informationsverarbeitung werden nicht zuletzt auch Vorteile für den Bürger als Partner der Verwaltungen angestrebt:

- Steigerung der Auskunftsbereitschaft durch automatisierte Informationsverarbeitung und damit eine bessere Information der Verwaltungskunden.
- Die Aussagefähigkeit des Output muß besser den individuellen Bedürfnissen der Bürger angepaßt werden.
- Durch die Beschleunigung auf den Informationswegen ist die Aktualität der Information zu gewährleisten.
- Durch standardisierte Abläufe (gleiche Termine, es bleibt nichts liegen...) wird eine Gleichbehandlung der Bürger angestrebt.
- Der Schutz vor Mißbrauch der Daten sowie die unkomplizierte Korrekturmöglichkeit falscher Daten muß gewährleistet sein.

## Verbesserung der Arbeitsbedingungen

Die weitgehende Ausstattung der Arbeitsplätze mit moderner Technologie verändert die Begleitumstände der Arbeit im Sinne einer Verbesserung der Arbeitsbedingungen.

- Durch den Einsatz von informationsverarbeitenden "Maschinen" wird eine erhebliche Reduzierung der Routine- und Massenarbeiten bewirkt.
- Die Qualität der verbleibenden Arbeit schafft anspruchsvollere Arbeitsplätze. Allerdings dürfen auch mögliche negative Auswirkungen, wie Abqualifizierung oder Wegfall bestehender Arbeitsplätze, nicht übersehen werden.
- Durch die Informationsverarbeitung sinken die physischen Anforderungen durch umfangreichen Aktentransport.
- Als neues Element tritt die Sachbearbeitung am Bildschirm mit positiven (direkter Zugriff auf große Datenbestände, erweiterte Gestaltungsmöglichkeiten) und negativen (mögliche Sehstörungen) Auswirkungen auf.
- Das soziale Ansehen der neuen Tätigkeit (Akzeptanz) muß erst noch durch eine positive Einstellung zur fortschreitenden Automatisierung in der Verwaltung gebildet werden. Zur Zeit herrscht eher Ablehnung gegenüber dem ungewissen Phänomen Technik.

## Zusammenfassung

Die Aufstellung der Kriterien, die für die Bestimmung eines möglichen Informationsnutzens in Frage kommen, mußte sich auf allgemeine Feststellungen beschränken und ist sicher auch nicht vollständig. Konkrete Aussagen zu den Nutzenkriterien der automatisierten Informationsgewinnung lassen sich nur im Vergleich mehrerer Systeme machen, z.B. zwischen einem bestehenden konventionellen System und einem geplanten automatisierten System der Informationsgewinnung.
In der nachstehenden Tabelle sind die beschriebenen Kriterien noch einmal übersichtlich zusammengestellt.[65)]

---

[65)] Siehe nächste Seite

Kriterien des Informationsnutzens (Zusammenfassung)

| lfd. Nr. | Beurteilungskriterien | Mögliche Verbesserungen der Informationsgewinnung |
|---|---|---|
| 1 | Aktualität | Geringere Bearbeitungs- und Übermittlungszeit - erhöhte Aktualität |
| 2 | Zuverlässigkeit | Softwaretechnologie zur Fehlervermeidung und -erkennung |
| 3 | Qualität | formal: Übersichtlichkeit, Aussagefähigkeit |
| | | inhaltlich: Erreichter Qualitätsstand bleibt erhalten. Relevanz durch Auswahl und Aufbereitung |
| 4 | Verfügbarkeit | Informationsbereitschaft zum gewünschten Termin |
| 5 | Flexibilität | quantitativ: kurzfristige Kapazitätsanpassung |
| | | qualitativ: Verarbeitung neuartiger bzw. veränderter Informationen |
| 6 | Informationsnutzen für den Bürger | Auskunftsbereitschaft, Individualität, Beschleunigung des Informationsflusses, Gleichbehandlung |
| 7 | Verbesserung der Arbeitsbedingungen | Der Informationshorizont wird erweitert. Informationen sind besser aufzufinden und zu transportieren |
| | | Qualitative Höherbewertung der Arbeit |
| | | Reduzierung von Routine- und Massenarbeiten |

### 5.4.3 Verfahren zur Nutzenanalyse

Unter Ziffer 2.2.2[66] wurde mit der Nutzwertanalyse bereits ein Verfahren zur Messung des imponderablen Nutzens vorgestellt. Auf die dort dargestellten methodischen Ansätze wird hier verwiesen. Dabei soll anhand eines einfachen Beispieles unter Benutzung der Kriterien des Informationsnutzens gezeigt werden, wie dieses Instrumentarium in einfacher, praktikabler Form auch im Bereich der öffentlichen Verwaltung eingesetzt werden kann.

Ein weiteres Verfahren, die Multifaktorenrechnung, kann dort, wo weniger komplexe Strukturen zu bewerten sind, eingesetzt werden. Der anwendungsbezogene Einsatz dieses Verfahrens wurde bereits unter Ziffer 4.6[67] ausführlich dargestellt, und muß hier nicht mehr beschrieben werden.[68]

#### Nutzwertanalyse

Wie die Investitionsrechnung, ist die Nutzwertanalyse ein Auswahlverfahren unter verschiedenen Investitionsalternativen. Im Gegensatz zur Investitionsrechnung, die nur ein Ziel hat, können mit der Nutzwertanalyse Alternativen mit mehreren und unterschiedlich wichtigen Zielsetzungen beurteilt werden. Das Ergebnis der Analyse, der Nutzwert, ist ein dimensionsloser Ordnungsindex.

Grundsätzlich erfolgt die Bestimmung des nicht monetär meßbaren Nutzens unabhängig von der ermittelten monetären Wirtschaftlichkeit (Rentabilität). Sie tritt sozusagen als eigenständige, ergänzende Aussage dazu. Es lassen sich aber Fälle denken, in denen monetär quantifizierte

---

[66] Siehe Seite 13 f.

[67] Siehe Seite 58 ff.

[68] Zur Veranschaulichung der Methodik der Ergebnisermittlung wird auf Seite 98 ein Beispiel aus der Literatur wiedergegeben.

Größen in eine Nutzwertanalyse einbezogen werden. Das kann sein, wenn z.B. bei Investitionen den Ausgaben nur nicht monetär quantifizierbare Nutzen gegenüberstehen. Dann sind diese Ausgaben ein Kriterium, das, entsprechend gewichtet und bewertet, neben die anderen tritt. Ein anderer Fall läßt sich denken, wo beispielsweise der Rationalisierungsnutzen als monetärer "Erfolg" einer Investition (=Stelleneinsparung) in Konkurrenz zu anderen Teilzielen im Zielsystem (z.B. Erhalt oder Schaffung von Arbeitsplätzen) tritt. Hier können politische Entscheidungen durch die Nutzwertanalyse transparent gemacht werden.

Ein einfaches Beispiel soll den formalen Aufbau einer Nutzwertanalyse verdeutlichen:

Zielprogramm

Für die zu bewertenden Systemalternativen wird deduktiv ein Zielprogramm erstellt. Das heißt, ein allgemein formuliertes Ziel wie "Schaffung eines optimalen Informationsflusses" wird soweit in Unterziele zerlegt, daß entscheidungsrelevante Zielkriterien bestimmt und im einzelnen beschrieben werden können. Diese Teilziele sind die Zielelemente, die jeweils einen Beitrag zur Erreichung des Oberzieles leisten.

Struktur des Zielprogramms

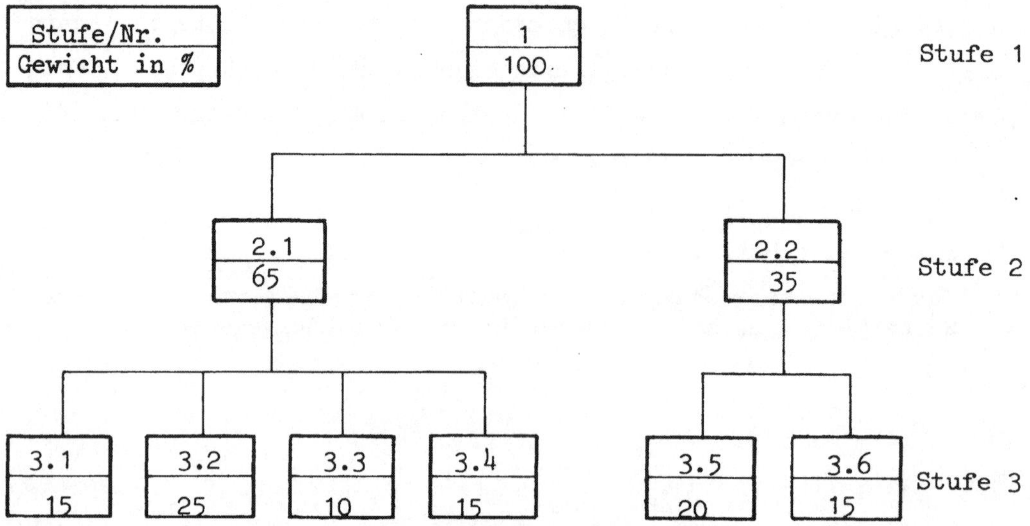

## Zielgewichtung

Als nächstes werden für jedes Element die Zielgewichte bestimmt. Damit wird der unterschiedliche Beitrag der Teilziele zur Erreichung des Oberzieles berücksichtigt. Ausgehend von der niedrigsten Hierarchiestufe des Zielprogramms werden die Teilziele einer Stufe einem gemeinsamen Ziel der nächsthöheren Hierarchiestufe zugeordnet. Es muß darauf geachtet werden, daß sich die einzelnen Teilziele nicht überlappen. Die Bedeutung der Teilziele in bezug auf das übergeordnete Ziel wird durch Prozentangaben dargestellt. Vergleiche dazu auch die graphische Darstellung auf der vorhergehenden Seite.

### Zielprogrammm

| Stufe Nr. | Elem. Nr. | Elemente (Kurzbezeichung) | Gewicht % | Gewicht Σ % |
|---|---|---|---|---|
| 1 | 1 | Optimale Gestaltung der Informationsgewinnung | 100 | 100 |
| 2 | 1 | Technische Realisierung | 65 | |
| | 2 | Personelle Realisierung | 35 | 100 |
| 3 | 1 | Zuverlässigkeit | 15 | |
| | 2 | Qualität | 25 | |
| | 3 | Aktualität | 10 | |
| | 4 | Flexibilität | 15 | |
| | 5 | Arbeitsbedingungen | 20 | |
| | 6 | Nutzen für den Bürger | 15 | 100 |

Durch die Beteiligung vieler Personen bei der Festlegung der Gewichtung soll das Verfahren, soweit wie möglich, objektiv gestaltet werden. Dabei sollten Sachverständige der Fachgebiete, denen das Zielprogramm gewidmet ist, beteiligt werden. Möglichkeiten zur Entscheidungsfindung bieten die Methode des Brain-storming (die Urteile werden von mehreren Sachverständigen in offener Abstimmung gemeinsam gefällt) oder die Delphi-Methode (jeder Sachverständige urteilt unabhängig voneinander; wenn notwendig, Iteration).

Zielbewertung

Als nächster Schritt erfolgt die Beurteilung der Zielerträge. Dazu muß zunächst ein Maßstab zur Beurteilung des Zielerreichungsgrades geschaffen werden. Am geeignetsten ist eine Skalierung, die praktisch einer Vergabe von Nutzenpunkten gleichkommt, wodurch dann die Urteile rechenbar werden.

Die Güte des Zielerreichungsgrades kann beispielsweise in folgender Skala verbal ausgedrückt werden:

| Zielerreichungsgrad | | Nutzenpunkte |
|---|---|---|
| sehr gut | = | 5 |
| gut | = | 4 |
| durchschnittlich | = | 3 |
| kleinere Mängel | = | 2 |
| größere Mängel | = | 1 |
| völlig unzureichend | = | 0 |

In der Praxis müssen, bezogen auf die einzelnen zu beurteilenden Kriterien, die Zielerreichungsgrade noch genauer definiert werden. Beispiel: Informationsfluß: 5 oder 4 = alle notwendigen Informationen werden sofort an alle berechtigten organisatorischen Einheiten weitergeleitet, 1 = Informationen müssen mühsam erfragt werden. Eine einheitliche Urteilsgrundlage ist vor allem bei der Beteiligung mehrerer Personen an der Bewertung notwendig.

Zielwertmatrix

Für jedes im Zielprogramm festgelegt Teilziel (Element) wird neben der bereits erfolgten Gewichtung der Zielerreichungsgrad (= die Bewertung) in die Zielwertmatrix eingetragen. Gewichtung und Bewertung werden getrennt voneinander von zwei verschiedenen Personenkreisen durchgeführt. Die Bewerter kennen die Gewichte der einzelnen Teilziele nicht.

Am Beispiel des weiter oben aufgestellten Zielprogrammes soll die Kontruktion der Zielwertmatrix erläutert werden. Bewertet wurden die Elemente der Stufe 3.

Alternative A = Bestehendes Informationsgewinnungssystem (manuell).

Alternative B = Geplantes Informationsgewinnungssystem (automatisiert).

Zielwertmatrix

| Teilziele der Stufe 3 | | Gewichtung in % | Altern. A | | Altern. B | |
|---|---|---|---|---|---|---|
| Nr. | Elemente | | Bewertung | Bewertg. x Gew. | Bewertung | Bewertg. x Gew. |
| 3.1 | Zuverlässigkeit | 15 | 2 | 0,30 | 3 | 0,45 |
| 3.2 | Qualität | 25 | 3 | 0,75 | 4 | 1,00 |
| 3.3 | Aktualität | 10 | 3 | 0,30 | 5 | 0,50 |
| 3.4 | Flexibilität | 15 | 3 | 0,45 | 1 | 0,15 |
| | | | | 1,80 | | 2,10 |
| 3.5 | Arbeitsbeding. | 20 | 2 | 0,40 | 4 | 0,80 |
| 3.6 | Nutzen f. Bürger | 15 | 2 | 0,30 | 2 | 0,30 |
| | | | | 0,70 | | 1,10 |
| Zielwertsumme = Nutzwert | | | | 2,50 | | 3,20 |

Durch den Vergleich der Zielwertsummen ergibt sich die bessere Alternative, hier = B.

Zur Veranschaulichung wird hier ein Beispiel[69)] für eine Multifaktorenrechnung wiedergegeben:

| **Wirtschaftlichkeitsprüfung** des geplanten DV-Verfahrens (Multifaktorenrechnung)<br>*Bedarfsermittlung und Disposition (Beispiel)* | | | |
|---|---|---|---|
| Bewertung des geplanten Verfahrens im Vergleich zum derzeitigen Verfahren – Vergleichsverfahren im Hinblick auf die Erfüllung der genannten Kriterien anhand folgender Punkteskala:<br>± 3 = erhebliche } Veränderung (Verbesserung,<br>± 2 = deutliche } Verschlechterung)<br>± 1 = geringfügige }<br>0 = keine Veränderung | A<br>Punkte | B<br>Gewichtungsfaktoren | C<br>Punkte x Gewichtungsfaktoren |
| 1. Schnelligkeit der Informationsauslieferung (rasches Zurverfügungstellen) | 2 | 3 | 6 |
| 2. Aktualität der gewonnenen Informationen | 3 | 3 | 9 |
| 3. Rechtzeitiges Zurverfügungstellen der Informationen | 1 | 3 | 3 |
| 4. Zusätzliche Informationen (z. B. durch statistische Auswertungsmöglichkeiten, Erweiterung des Berichtswesens) | 1 | 3 | 3 |
| 5. Genauigkeit der Informationen (z. B. Rechengenauigkeit) | 1 | 1 | 1 |
| 6. Relevanz (Qualität) der Informationen (Aussagekraft und Übersichtlichkeit sowie Auswahl und Aufbereitung der Informationen) | 0 | 2 | 0 |
| 7. Sicherheit (Ablaufsicherheit, Fehlerwahrscheinlichkeit, Datenfehleranfälligkeit | 3 | 1 | 3 |
| 8. Möglichkeit von Terminverkürzungen im Anwenderbereich | 2 | 2 | 4 |
| 9. Anwenderfreundlichkeit (z. B. Vereinfachung durch Dateienabbau) | 1 | 2 | 2 |
| 10. Bedienungs- und Pflegefreundlichkeit | 1 | 1 | 1 |
| 11. Flexibilität (z. B. Änderungsfreundlichkeit gegenüber Veränderung von Organisation, Datenvolumen, Datenstruktur; Sonderfälle) | 1 | 2 | 2 |
| 12. Kontroll-, Abstimm- und Überwachungsmöglichkeit | 2 | 2 | 4 |
| 13. Korrekturmöglichkeiten und -aufwand | 0 | 2 | 0 |
| 14. Transparenz des Verfahrensablaufs (Übersichtlichkeit) | 2 | 1 | 2 |
| 15. Transparenz und Straffheit der Organisation | 0 | 1 | 0 |
| 16. Kapazitätsreserven (Auffangbereitschaft bei Arbeitsspitzen oder Beschäftigungszunahme) | 0 | 3 | 0 |
| 17. Abhängigkeit von Fachpersonal | –1 | 2 | –2 |
| 18. Umstellungsrisiko (langfristige Bindung an das Verfahren, Starrheit der Organisation) | –1 | 3 | –3 |
| Summen | | 37 | 35 |
| Wirtschaftlichkeitskoeffizient (Summe C : Summe B)<br>Verbale Bedeutung des Koeffizienten gemäß Punkteskala:<br>*geringfügige Verbesserung gegenüber dem derzeitigen Verfahren* | etwa 1 | | |

Beispiel für eine Multifaktorenrechnung

69) Aus: Riepl, Wirtschaftlichkeit von DV-Verfahren, Siemens-Schriftenreihe data-praxis, München o.J. (1971).

Bewertung der beiden Verfahren zur Nutzenmessung

Der Vorzug der Nutzwertanalyse ist die detaillierte Zerlegung der Systemziele, so daß eine eindeutige Zielhierarchie entsteht. Durch die Zergliederung des Gewichtungs- und Bewertungsproblems wird die Entscheidung der Verantwortlichen erleichert. Gleichzeitig wirkt die detaillierte Gliederung subjektiven und irrationalen Wertungen entgegen. Dabei ist vorausgesetzt, daß das Zielprogramm sorgfältig ausgearbeitet und bis zur untersten Ebene vollständig strukturiert ist. Bei einem gut ausgebauten und mehr als dreistufigen Zielprogramm ist die NWA jedoch ein aufwendiges Vorhaben. Für ihren logischen Aufbau sind erhebliche Vorarbeiten zu bewältigen, ganz abgesehen vom Aufwand für Bewertung und Gewichtung.

Der Multifaktorenrechnung liegt ein unstrukturierter Zielkatalog zugrunde. Bei ihrer Durchführung bestehen zwei Gefahren, zum einen werden bei der Aufstellung des Faktorenkataloges leicht Schwachstellen des alten Systems bevorzugt herangezogen, zum anderen birgt die unstrukturierte Sammlung von Kriterien die Gefahr von Überschneidungen. Im Vergleich zur Nutzwertanalyse ist die Multifaktorenrechnung jedoch in Aufbau und Ablauf einfacher zu handhaben. Wenn man die beschriebenen Gefahren kennt und zu vermeiden sucht, liefert sie brauchbare Ergebnisse. Das gilt insbesondere, wenn die Multifaktorenrechnung als Ergänzung einer monetären Wirtschaftlichkeitsrechnung zusätzliche Aussagen über die dort nicht zu berücksichtigenden imponderablen Leistungsfaktoren geben soll.

Immer jedoch enthalten solche Analysen, gleich in welcher der beiden beschriebenen Arten, eine Vielzahl subjektiver Wertungen und Entscheidungen. Es sind heuristische Verfahren, mit denen man einer objektiv richtigen Investitionsentscheidung möglichst nahe kommen möchte. Die Qualität von Analysen zur Bestimmung eines Informationsnutzens läßt sich durch die Beteiligung eines möglichst großen und ohne Interesseneinseitigkeit ausgewählten Personenkreises steigern. Zur Objektivität der Ergebnisse trägt auch die strenge Trennung zwischen den Personen, die die Gewichtung bestimmen und denen, die die Bewertung vornehmen, bei.

## 6. Schlußbemerkungen

### 6.1 Das Problem der Unsicherheit

Das Problem der Unsicherheit darf bei der Beurteilung der Wirtschaftlichkeit nicht ausgeklammert werden. Auch noch so aufwendige Rechenverfahren sind nicht in der Lage, Risiken zu beseitigen. Man kann aber solche Ungewißheiten aufzeigen und versuchen, sie zu quantifizieren.

Mögliche Risiken liegen in einer unvollständigen oder unrichtigen Erfassung von Ausgangsdaten insbesondere bei Hochrechnungen. Vor allem aber müssen für den Sollzustand geplanter Verfahren Annahmen getroffen und Prognosen über die Zukunft gestellt werden. Auch die volle Realisierung von an sich sicheren Erwartungen kann ungewiß sein.

Im folgenden werden einige Möglichkeiten zur rechnerischen Berücksichtigung der Ungewißheit in der Wirtschaftlichkeitsanalyse aufgezeigt[70).]

Bei unsicheren Erwartungen oder der Einbeziehung von Schätzungen und Erfahrungswerten in die Wirtschaftlichkeitsrechnung gilt der Grundsatz der "vorsichtigen Bewertung", das heißt, Kosten dürfen nicht unterschätzt, Einsparungen nicht überschätzt werden. In der dynamischen Investitionsrechnung kann der Unsicherheit in den Erwartungen durch eine Heraufsetzung des Kalkulationszinsfußes und/oder durch eine Verkürzung der veranschlagten Nutzungsdauer Rechnung getragen werden. Solche Risikozu- und abschläge haben allerdings den Nachteil, daß die Unsicherheit zwar berücksichtigt, aber in der Rechnung selbst nicht kenntlich gemacht wird.

Unsichere Erwartungen können auch durch den Ansatz mehrerer (pessimistischer - erwarteter - optimistischer) Werte bei einzelnen Einflußgrößen ausgedrückt werden. Die Rechnung wird dementsprechend mehrere Resultate, deren Eintrittwahrscheinlichkeit ebenfalls ungewiß ist, haben. Dem kann entgegengewirkt werden, wenn die Eintrittswahr-

---

70) Vgl. hierzu auch Bottler, Horváth, Kargl, Methoden der Wirtschaftlichkeitsberechnung für die Datenverarbeitung, München 1972, S.75ff.

scheinlichkeiten der pessimistischen - erwarteten - optimistischen Werte gewichtet werden und mit Hilfe der Wahrscheinlichkeitsrechnung die Standardabweichung ermittelt wird. Das so gewonnene Risikoprofil alternativer Projekte (mit sonst vergleichbarem Ergebnis) gibt dann den Ausschlag. Diese Rechnung erfordert allerdings einen verhältnismäßig hohen Aufwand.

Eine Empfindlichkeitsanalyse (Sensitivitätsanalyse) zeigt recht eindrucksvoll, welche Wirkung die verschiedenen Einflußfaktoren auf das Ergebnis einer Wirtschaftlichkeitsrechnung oder einer Nutzenanalyse haben. Man verändert eine oder mehrere Ausgangsgrößen solange, bis ein bestimmter Ergebniswert unterschritten wird. Beim Kostenvergleich erhöht man zum Beispiel die Kosten oder vermindert die Einsparungen oder macht beides gleichzeitig, bis die alternativen Verfahren gleichviel kosten. Auf diese Weise wird klar, was für Risiken "verkraftet" werden können, bevor das Resultat "umkippt". Wenn viele Ausgangsgrößen variiert werden, wird jedoch der Rechenaufwand sehr groß. Beim Kapitalwertverfahren kann z.B. untersucht werden, bei welcher Nutzungsdauer oder welchem Kalkulationszinsfuß der Kapitalwert = 0 wird. Bei einer Nutzwertanalyse kann durch eine Veränderung der Gewichtung festgestellt werden, welchen Einfuß einzelne (evtl. unsichere) Nutzenkriterien auf das Ergebnis der Analyse haben.

Die Berücksichtigung und Kenntlichmachung von Unsicherheiten in der Wirtschaftlichkeitsrechnung ist eine wichtige Hilfe bei der Entscheidungsfindung.

## 6.2 Wirtschaftlichkeitskontrolle

Wirtschaftlichkeitsrechnungen bei Investitionsentscheidungen gelten für die Zukunft. Sie enthalten Plandaten, die an Entwicklungen in Vergangenheit und Gegenwart orientiert sind. Genauso wie nach der Einführung eines automatisierten Verfahrens der technisch einwandfreie Ablauf ständig überwacht wird, muß die kostenmäßige Entwicklung im Auge behalten werden. Es ist daher sinnvoll, zusammen mit der Umstellungsplanung für die einzelnen Organisationseinheiten auch Planziele zur schrittweisen Realisierung der Einsparungsmöglichkeiten festzusetzen. Die Einhaltung der spezifizierten Sollvorgaben sollte laufend kontrolliert werden. Eine Analyse der Soll/Ist-Abweichungen kann wertvolle Hinweise geben, wo die Ursachen für Schwierigkeiten in der Realisierung liegen. Die Erfahrungen aus einer solchen Praxis können auch zur Beurteilung anderer Automationsvorhaben herangezogen werden.

Im einzelnen müssen zu einer exakten Nachrechnung folgende Voraussetzungen erfüllt sein.

- In einer formal gut gegliederten Wirtschaftlichkeitsrechnung müssen die Daten so aufbereitet sein, daß sie eine Grundlage zur Nachkalkulation liefern.
- Ist- und Sollwerte müssen sachlich und zeitlich gleich dimensioniert sein.
- Die Berechnungsgrundlagen müssen durch eine exakte Darstellung der Einflußgrößen zeigen, wie die Ergebnisse zustande gekommen sind. Auf diese Weise werden die Verantwortlichkeiten für die Erfolgswirksamkeit der verschiedenen Maßnahmen klar herausgestellt.
- Die Trennung zwischen quantifizierbaren und nicht quantifizierbaren Auswirkungen muß deutlich sein.
- Außerdem muß der Grad der Genauigkeit der Daten und der Sicherheit der Erwartungen gekennzeichnet sein.

Gefahren für eine Wirtschaftlichkeitsanalyse liegen insbesondere in einer falschen Einschätzung der Entwicklungs- und Umstellungskosten und in einer zu optimistischen Erwartung möglicher Einsparungen. Eine solche Fehleinschätzung kann vermieden werden, wenn die für die umzustellenden Arbeitsbereiche Verantwortlichen bereits bei der Planung der neuen Arbeitsabläufe hinzugezogen werden. Nur so können Abweichungen infolge unrealistischer Annahmen ausgeschaltet werden. Besonders kritisch ist hier die Realisierung geplanter Personalreduzierungen (Versetzung, kein Ersatz ausscheidender Mitarbeiter, eventuell Entlassungen), die in der öffentlichen Verwaltung meist die Haupteinflußgrößen des Rationalisierungsnutzens sind. In Wirtschaftlichkeitsanalysen werden Leistungssteigerungen und Personalreduzierungen vornehmlich aus quantitativen und technischen Daten abgeleitet. Solche Rechnungen stehen auf schwachen Füßen, wenn die organisatorischen und personellen Maßnahmen nicht im voraus detailliert geplant und mit den betroffenen Stellen abgestimmt sind. Von besonderer Bedeutung ist die Einbeziehung der von Automatisierungsmaßnahmen betroffenen Mitarbeiter und deren Vertreter (z.B. in den Personal- bzw. Betriebsräten) in den Entscheidungsprozeß. Hier können Versäumnisse nicht abzuschätzende Folgekosten aufgrund psychischer Belastungen und sozialer Konflikte nach sich ziehen.[71)]

Zum Schluß sei noch die Frage nach der Wirtschaftlichkeit der Wirtschaftlichkeitsrechnung gestellt. Als Grundsatz kann gelten, daß der Kosten- und Zeitaufwand für eine Wirtschaftlichkeitsrechnung oder eine Nutzenanalyse in einem vertretbaren Verhältnis zur Bedeutung des zu entscheidenden Objektes stehen muß. Dabei sollte vorab in einer Grobabschätzung das Gewicht der Einflußfaktoren auf das Ergebnis der Rechnung untersucht und aus dieser Sicht der jeweilige Ermittlungsaufwand festgestellt werden. Häufig muß eine ideale Rechnung wegen ihres hohen Aufwandes "abgemagert" werden.

---

[71)] Vgl. zu diesem Komplex: H. Kubicek, Partizipatives Innovationsmanagement, in: Öffentliche Verwaltung und Datenverarbeitung (ÖVD), Sonderheft 1978, Seiten 26 ff.

Die Möglichkeiten der Wirtschaftlichkeitsrechnung sind in manchen Planungssituationen begrenzt. Auch über ihre Genauigkeit kann man geteilter Meinung sein. Schwierigkeiten dürfen aber nicht dazu verleiten, ganz auf eine Wirtschaftlichkeitsrechnung zu verzichten.

# 7. Literaturverzeichnis

Arbeitsgruppe Automation des Kostenwesens im Auftrag des Justizministers des Landes Nordrhein-Westfalen,
Rahmen-Soll-Konzept eines Verfahrens zur Automation des Gerichtskosten- und -kassenwesens. Grundlagen für einen praktischen Versuch.
Düsseldorf, im März 1973.

Berlin, Innensenator
Wirtschaftlichkeitsberechnungen
(Leitfaden für die Organisationsarbeit).
2. Auflage, Berlin 1974.

Bottler, J., Horvárth, P., Kargl, H.,
Methoden der Wirtschaftlichkeitsrechnung für die Datenverarbeitung
München 1972.

Brandt, H.,
Investitionspolitik industrieller Betriebe.
Wiesbaden 1959.

Bundesminister der Finanzen,
Vorläufige Verwaltungsvorschriften zur Bundeshaushaltsordnung.
Zu §7 Wirtschaftlichkeit und Sparsamkeit
Nutzen-Kosten-Untersuchungen.
MinBlFin. 1973, Nr. 13, S. 190ff und S. 293 ff.

Däumler, K.-D.,
Investitions- und Wirtschaftlichkeitsrechnung, Grundlagen.
Herne/Berlin 1976.

Dick, E.,
Nutzen-Kosten-Analyse.
KGSt-Sonderdruck, Köln, Februar 1972.

Diebold Deutschland GmbH
Nutzen-Kosten-Untersuchung
Automatisierung des Grundbuches.
3 Bände. Frankfurt 1976.

Dworatschek, S., Donike, H.,
Wirtschaftlichkeitsanalyse von Informationssystemen.
Berlin 1972.

Fix, W., Dotterweich, J.,
Kosten-Nutzen-Analyse des Verfahrens zur Automation des Gerichtskosten- und -kassenwesens einschließlich der Geldstrafenvollstreckung.
Teil I und II. (Im Auftrag des Justizministers NW).
St. Augustin 1975/1977.

Gornas, J.,
Grundzüge einer Verwaltungskostenrechnung,
Baden-Baden 1976.

Grochla, E. (Hrsg.),
Die Wirtschaftlichkeit automatisierter Datenverarbeitungssysteme.
Wiesbaden 1970.

Grochla, E. (Hrsg.),
Das Büro als Zentrum der Informationsverarbeitung.
Wiesbaden 1971.

Hamburg, Senatsamt für den Verwaltungsdienst,
Kostenrechnung und Wirtschaftlichkeitsrechnung - Richtlinien für die hamburgische Verwaltung.
Hamburg 1969.

Heilmann, Reblin,
Einsatzplanung für eine Datenverarbeitungsanlage.
Stuttgart 1968.

Hempel, J., Kehler, A.,
Probleme der Kosten-Nutzen-Analyse für Informationssysteme in öffentlichen Verwaltungen.
HIS Brief 42, Pullach bei München 1974.

Herbst, J.,
Möglichkeiten zur Wirtschaftlichkeitskontrolle von Verwaltungsabläufen und -verfahren im öffentlichen Dienst.
Bericht Nr. 114 der Studiengruppe für Systemforschung e.V. Heidelberg,
Pullach bei München 1972.

Jonas, H.,
Investitionsrechnung.
Berlin 1964.

Kiefer, K., Strebel, H., Wolff, R.,
Ökonomische Fragen der öffentlichen Verwaltung II.
Planen, Entscheiden, Wirtschaftlichkeit.
Baden-Baden 1977.

Kommunale Gemeinschaftsstelle,
Moderne Verfahren der Entscheidungsvorbereitung und der Entscheidungsfindung.
KGSt-Veröffentlichung, Köln 1973.

Kommunale Gemeinschaftsstelle,
Kriterien der Wirtschaftlichkeitsuntersuchung bei automatisierter Datenverarbeitung.
KGSt-Bericht Nr. 24/1973.

Kommunale Gemeinschaftsstelle,
Kosten-Nutzen-Untersuchungen im Bereich der automatisierten Datenverarbeitung.
KGSt-Bericht Nr. 2/1977.

Kubicek, H.,
Partizipatives Innovationsmanagement. Ein Weg zur Bewältigung von Zukunftsproblemen des Computereinsatzes auf betrieblicher Ebene.
In: ÖVD, Sonderheft 1978.

Laux, E., Kaufmann, W.,
Praxis der Organisationsänderung. Fallstudie: Bundesgesundheitsamt.
Baden-Baden 1978.

Luhmann, N.,
Recht und Automation in der öffentlichen Verwaltung.
Berlin 1966.

Marwedel, H.,
Die Wirtschaftlichkeit von elektronischen Datenverarbeitungsanlagen.
In: Der Computer im Dienst der Unternehmensführung, Hrsg. Busse v. Colbe,
Bielefeld 1968.

Posttechnisches Zentralamt,
Richtlinien für Wirtschaftlichkeitsrechnungen bei der Deutschen Bundespost.
Hrsg. 1971 vom Bundespostministerium.

Recktenwald, H.,
Die Nutzen-Kosten-Analyse.
Sammlung Recht und Staat 394/395,
Tübingen 1971.

Riepl, K.H.,
Wirtschaftlichkeit von DV-Verfahren.
Eine Entscheidungshilfe.
SIEMENS-Schriftenreihe data praxis,
München, o.J. (1971).

Schmidt, J.,
Wirtschaftlichkeit in der öffentlichen Verwaltung.
Berlin 1976, 2. Auflage 1977.

Schütze, P.,
Verfahren für Kosten-Nutzen-Analysen von Datenverarbeitungs-projekten.
In: ÖVD 7/8 1976.

Schwarze, J.,
Bestimmung der Wirtschaftlichkeit elektronischer Daten-verarbeitung.
In: DER BETRIEB, H. 12/1968.

Verband für Arbeitsstudien - REFA - e.V.,
Methodenlehre des Arbeitsstudiums,
Teil 2: Datenermittlung
München 1972.

Zangemeister, Ch.,
Nutzwertanalyse in der Systemtechnik,
München 1971.

# Datenverarbeitung im Recht

Archiv für die gesamte Wissenschaft der Rechtsinformatik, der Rechtskybernetik und der Datenverarbeitung in Recht und Verwaltung

Organ der Gesellschaft für Rechts- und Verwaltungsinformatik e. V.

Herausgeber: Professor Dr. Bernt Bühnemann, Hamburg; Professor Dr. Dr. Herbert Fiedler, Bonn; Professor Dr. Hermann Heussner, Richter des Bundesverfassungsgerichts, Karlsruhe; Professor Dr. Wolfgang Kilian, Hannover; Professor Dr. Dr. Adalbert Podlech, Darmstadt; Professor Dr. Spiros Simitis, Frankfurt a. M.; Professor Dr. Wilhelm Steinmüller, Regensburg; Oberstaatsanwalt beim Bundesgerichtshof Dr. Sigmar Uhlig, Berlin (Geschäftsführender Herausgeber).

Erscheinungsweise und Bezugsbedingungen: Die Zeitschrift erscheint bandweise, ein Band besteht aus 4 Heften zu je 96 Seiten. Format 16,2 x 24,2 cm. Im Bedarfsfall werden 2 Hefte zu einem Doppelheft zusammengefaßt. Jährlich soll ein Band erscheinen. Abonnementspreis pro Band in Heften DM 264,–; Vorzugspreis für Studenten und Referendare (gegen Vorlage einer Ausbildungsbestätigung) in Heften DM 198,–. Einzelheft DM 66,–, Doppelheft DM 132,–; Einbanddecke DM 14,–. Mitglieder der Gesellschaft für Rechts- und Verwaltungsinformatik e. V. können bei Bestellung über die Geschäftsstelle die Zeitschrift zu einem um 20% ermäßigten Preis beziehen.

*Zuletzt erschienen:*

REICHELT

**Schreibautomaten in der ordentlichen Gerichtsbarkeit**

Einsatzbereiche und Erfahrungen. Eine Umfrage von Peter Reichelt. Oktav. IV, 97 Seiten. 1978. Kartoniert DM 44,–. ISBN 3 8059 0525 4. (DVR-Beiheft 9).

KORFF

**Beiträge zur Methodik des Berichtswesens in integrierten Budgetierungssystemen**

Von Ministerialrat a. D. Hans Clausen Korff. Oktav. VI, 265 Seiten. 1979. Kartoniert DM 96,–. ISBN 3 8059 0530 0. (DVR-Beiheft 10).

Ausgewählte Fachleute aus der Bundesrepublik Deutschland und dem westlichen Ausland stellen die Veränderung des öffentlichen Rechnungswesens durch Anwendung der EDV zu einer umfassenden Informationsquelle (zur finanz-volkswirtschaftlichen und politischen Entscheidungsfindung) sowie die in verschiedenen westlichen Ländern dazu entwickelten Methoden dar.

RODINGEN

**Die Rechts- und Verwaltungsinformatik in der Sowjetunion**

Eine sozialwissenschaftliche Studie von Dr. jur. Dr. phil. Hubert Rodingen, Professor an der Fachhochschule Münster. Groß-Oktav. Ca. 143 Seiten. 1979. Kartoniert ca. DM 70,–. ISBN 3 8059 0513 0 (DVR-Beiheft 11).

Es ist dies das erste Werk, das im Westen zur sowjetischen Rechts- und Verwaltungsinformatik erscheint und diese in ihr soziokulturelles Umfeld stellt. Am Beispiel der UdSSR wird aufgewiesen, was der Großeinsatz von EDV in Recht, Wirtschaft, Verwaltung und Gesellschaft gedanklich voraussetzt und wie es sich sozial auswirkt.
Politisch geht es um Herrschaftssicherung mittels Datenmonopol. Die vorliegende Studie möchte aber dem Vorurteil begegnen, daß die UdSSR dem totalen Überwachungsstaat näher sei als die Länder des Westens; eher trifft das Umgekehrte zu.

*Es liegen vor:*

PODLECH

**Datenschutz im Bereich der öffentlichen Verwaltung**

Oktav. XVI, 97 Seiten. 1973. Kartoniert DM 64,–. ISBN 3 8059 0339 1. (DVR-Beiheft 1).

**Informationsverhalten und Informationsbedarf von Juristen**

Teil 1: Analyse-Band

Groß-Oktav. VIII, 154 Seiten. Kartoniert DM 38,–. ISBN 3 8059 0375 8. (DVR-Beiheft 2).

Teil 2: Tabellen-Band

Groß-Oktav. XX, 538 Seiten. 1976. Kartoniert DM 220,–. ISBN 3 8059 0376 0. (DVR-Beiheft 3).

BÜHNEMANN

**Datenschutz im nicht-öffentlichen Bereich**

Groß-Oktav. X, 157 Seiten. 1974. Kartoniert DM 48,–. ISBN 3 8059 0373 1. (DVR-Beiheft 4).

GEBHARDT (Hrsg.)

**Beiträge zur Methodik juristischer Informationssysteme**

Groß-Oktav. IV, 208 Seiten. 1975. Kartoniert DM 58,–. ISBN 3 8059 0439 8. (DVR-Beiheft 5).

VRECION

**Informationstheorie und Recht**

Groß-Oktav. XVI, 136 Seiten. 1976. Kartoniert DM 52,–. ISBN 3 8059 0436 3. (DVR-Beiheft 6).

MÜLLER (Hrsg.)

**Beiträge zur Sprachverarbeitung in juristischen Dokumentationssystemen**

Groß-Oktav. IV, 204 Seiten. 1976. Kartoniert DM 62,–. ISBN 3 8059 0457 6. (DVR-Beiheft 7).

BLANKENBURG / v. KEMPSKI / LEBRUN / MORASCH / SCHUMACHER

**Die Rechtspflegestatistiken**

Groß-Oktav. 148 Seiten. 1977. Kartoniert ca. DM 48,–. ISBN 3 8059 0472 X. (DVR-Beiheft 8).

**J. Schweitzer Verlag Berlin**

Herausgeber: Professor Dr. jur. Dr. rer. nat. Herbert Fiedler, Universität Bonn/Gesellschaft für Mathematik und Datenverarbeitung, Birlinghoven.
Die Reihe EDV und Recht dient zur Aufnahme von Monographien, die über einen größeren Zeitraum hin Gültigkeit behalten und wegen ihres allgemeiner gehaltenen Inhalts einem breiteren Leserkreis Informationen vermitteln sollen.

Band 10: GOLA/HÜMMERICH/KERSTAN

## Datenschutzrecht

Erläuterte Rechtsvorschriften und Materialien zum Datenschutz

Herausgegeben von Rechtsanwalt Peter Gola, Datenschutzbeauftragter der GMD, St. Augustin, Dr. Klaus Hümmerich, Datenschutzbeauftragter der Kernforschungsanlage Jülich, und Uwe Kerstan, Wissenschaftliche Mitarbeiter der GMD, St. Augustin. Mit einem Vorwort von Professor Dr. jur. Dr. rer. nat. Herbert Fiedler, Universität Bonn/GMD, St. Augustin.

Erscheint in 4 Teilen. Wird mit Teil 1 zugleich Teil 2, 3 oder 4 bestellt, so wird dieser zu gegebener Zeit mit einem im Vergleich zum Ladenpreis um 20% niedrigeren Vorzugspreis geliefert.

Teil 1: **Das Bundesdatenschutzgesetz – Verfassungsrechtlicher Datenschutz – Internationaler Datenschutz**
Bearbeitet von Peter Gola, Klaus Hümmerich, Uwe Kerstan. Oktav. XII, 120 Seiten. 1977. Kartoniert DM 29,80. ISBN 3 8059 0492 4

Teil 2: **Einzelvorschriften des Bundes zum Datenschutz**
Handels- und zivilrechtlicher, arbeits- und sozialrechtlicher, öffentlich-rechtlicher und strafrechtlicher Datenschutz. Bearbeitet von Peter Gola, Klaus Hümmerich, Uwe Kerstan. Oktav. XII, 250 Seiten. 1978. Kartoniert DM 58,–. ISBN 3 8059 0494 0. (Fortsetzungspreis DM 46,50)

Teil 3: **Datenschutzrecht der Länder** **Neuerscheinung**
Bearbeitet von Peter Gola, Klaus Hümmerich, unter Mitarbeit von Lotte Tuner. Oktav. XIII, 284 Seiten. 1979. Kartoniert. DM 125,–. ISBN 3 8059 0495 9. (Fortsetzungspreis DM 98,–)
In einem Aufriß werden Unterschiede und Gemeinsamkeiten der Landesdatenschutzgesetze, auch im Hinblick auf das Bundesdatenschutzgesetz, dargestellt. Im Kapitel „Aufsichtsbehördlicher Datenschutz" wird Einblick gegeben in die Aufgaben, Befugnisse und Möglichkeiten der Aufsichtsbehörden nach §§ 30, 40 BDSG. Teil 3 enthält ferner die Datenschutzzuständigkeitsverordnungen sämtlicher Bundesländer, die Registerführungsverordnung NW, die Regelungen in Ordnungswidrigkeitenangelegenheiten sowie Anschriftenverzeichnisse der Datenschutzbeauftragten der Länder und des Bundes, der Aufsichtsbehörden und anderer Einrichtungen. Jedes Kapitel schließt mit einem umfangreichen Literaturverzeichnis.

Teil 4: **Datenschutz in der Praxis**
Erläuterungen spezieller Probleme des Datenschutzes in der Wirtschaft, Rechtsverordnungen und Verwaltungsvorschriften zum BDSG, Richtlinien zum Datenschutz, Literaturschau. Erscheint 1980.

Band 11: ZAHRNT

## VOC · Verdingungsordnung für Computerleistungen

Teil 1: **Die Besonderen Vertragsbedingungen für die Miete, den Kauf und die Wartung von EDV-Anlagen und -Geräten.**

Von Dr. Christoph Zahrnt, Rechtsanwalt in Heidelberg, unter Mitwirkung von Dr. rer. nat. Ulrich Nielsen. Oktav. XI, 469 Seiten. 1978. Kartoniert DM 135,–. ISBN 3 8059 0505 X

VOC ist ein Kunstwort in Anlehnung an die VOB (Verdingungsordnung für Bauleistungen). Das Werk erläutert die branchenspezifischen Allgemeinen Geschäftsbedingungen der öffentlichen Hand für Käufer und Verkäufer sowie die Formulare der Musterleistungsbeschreibungen im Bereich der Computerleistungen. Es befaßt sich mit allen Fragen, die im Zusammenhang mit der Vorbereitung, dem Abschluß und der Durchführung von Verträgen bei Beschaffungen der öffentlichen Hand im EDV-Bereich auftreten. Der vorliegende erste Teil behandelt die Beschaffung und die Wartung von EDV-Systemen. Das Werk ist als Leitfaden für die Praxis geschrieben. Es wendet sich an alle, die mit solchen Verträgen befaßt sind.

Band 1: HAFT

## Elektronische Datenverarbeitung im Recht

Oktav. XXVIII, 209 Seiten. 1970. Kartoniert DM 28,–. ISBN 3 8059 0083 X

Band 2: GÖTTLINGER

## EDV-Planung in der Öffentlichen Verwaltung

Oktav. XIV, 230 Seiten. 1972. Kartoniert DM 42,–. ISBN 3 8059 0172 0

Band 3: PRESTEL

## Datenverarbeitung im Dienste juristischer Dokumentation

Oktav. VIII, 58 Seiten. 1971. Kartoniert DM 18,–. ISBN 3 8059 0245 X

Band 4:

## Gesetzesplanung – Beiträge der Rechtsinformatik

Oktav. VII, 211 Seiten. 1972. Kartoniert DM 42,–. ISBN 3 8059 0266 2

Band 5: KISZA

## Kybernetisches Modell der Entstehung und Wirkung des Rechts

42 Abbildungen im Text und einer ausführlichen englischsprachigen Zusammenfassung. Oktav. XX, 199 Seiten. 1975. Kartoniert DM 96,–. ISBN 3 8059 0287 5

Band 6: KAUFMANN (Hrsg.)

## Münchener Ringvorlesung EDV und Recht – Möglichkeiten und Probleme

Oktav. VIII, 243 Seiten. 1973. Kartoniert DM 68,–. ISBN 3 8059 0348 0

Band 7: WEINBERGER

## Studien zur Normenlogik und Rechtsinformatik

I. Teil: Arbeiten zur Normenlogik. II. Teil: Arbeiten zur Strukturtheorie des Rechts. III. Teil: Arbeiten zur Rechtsinformatik.
Oktav. XXXIV, 402 Seiten. 1974. Kartoniert DM 138,–. ISBN 3 8059 0371 5

Band 8: v. LINSTOW

## Berechenbares Strafmaß

Eine neue Methode der Strafzumessung am Beispiel wichtiger Verkehrsdelikte. Von Dr. jur. Bernhard von Linstow, Rechtsanwalt in München. Oktav. XXIV, 212 Seiten. 1974. Kartoniert DM 68,–. ISBN 3 8059 0327 8

Band 9: HOGREBE

## Verwaltungsautomation und Datenschutz in Frankreich

Oktav. XXII, 648 Seiten. 1976. Kartoniert DM 148,–. ISBN 3 8059 0425 5

Kolibri 360 GmbH
Ferdinand-Jühlke-Straße 7
99095 Erfurt, Deutschland
produktsicherheit@kolibri360.de